Scrum and XP

스크럼과

from the

XP

Trenches

SCRUM AND XP FROM THE TRENCHES
BY Henrik Kniberg

ALL RIGHTS RESERVED.
SCRUM AND XP FROM THE TRENCHES, COPYRIGHT 2007
COPYRIGHT ⓒ 2009
KOREAN TRANSLATION COPYRIGHT ⓒ 2009

This Korean edition was published by arrangement with Henrik Kniberg, Stockholm through Agency-One, Seoul.

이 책의 한국어판 저작권은 저작권자와의 독점 계약으로 인사이트에 있습니다. 저작권법에 의해 한국 내에서 보호를 받는 저작물이므로 무단전재와 무단복제를 금합니다.

스크럼과 XP - 애자일 최전선에서 일군 성공 무용담

초판 1쇄 발행 2009년 5월 1일 **3쇄 발행** 2014년 11월 27일 **지은이** 헨릭 크니버그 **옮긴이** 심우곤·엄위상·한주영 **펴낸이** 한기성 **펴낸곳** 인사이트 **편집** 김강석 **제작·관리** 이지연 박미경 **본문디자인** 디지인플랫 **표지출력** 경운출력 **본문출력** 현문인쇄 **용지** 에이페이퍼 **인쇄** 현문인쇄 **제본** 자현제책 **등록번호** 제10-2313호 **등록일자** 2002년 2월 19일 **주소** 서울시 마포구 잔다리로 119 석우빌딩 3층 **전화** 02-322-5143 **팩스** 02-3143-5579 **블로그** http://blog.insightbook.co.kr **이메일** insight@insightbook.co.kr **ISBN** 978-89-91268-60-9 13560 책값은 뒤표지에 있습니다. 잘못 만들어진 책은 바꾸어 드립니다. 이 도서의 국립중앙도서관 출판예정도서목록(CIP)은 서지정보유통지원시스템 홈페이지(http://seoji.nl.go.kr)와 국가자료공동목록시스템(http://www.nl.go.kr/kolisnet)에서 이용하실 수 있습니다.(CIP 제어번호: CIP2009001271)

○ agile

Scrum and XP

스크럼과 XP

from the

애자일 최전선에서 일군 성공 무용담

헨릭 크니버그 지음 | 심우곤·엄위상·한주영 옮김

Trenches

차 례

- 추천의 글 ix
- 한국 독자에게 보내는 지은이의 글 xviii
- 옮긴이의 글 xxii
- 감사의 글 xxiv
- 들어서며 : 이봐, 스크럼이 통했어! xxv

1 — 들어가는 글 1
주의 2
이 책을 쓴 이유 3
그런데 스크럼이 뭐지? 3

2 — 제품 백로그 만들기 5
추가 스토리 항목들 8
제품 백로그를 비즈니스 수준으로 유지하기 8

3 — 스프린트 계획회의 준비하기 11

4 — 스프린트 계획 수립하기 15
왜 제품 책임자가 참석해야만 하는가? 16
왜 품질은 협상의 대상이 아닌가? 18

질질 늘어지는 스프린트 계획회의 20
스프린트 계획회의 시간표 21
스프린트 길이 결정하기 22
스프린트 목표 결정하기 23
스프린트에 구현할 스토리 고르기 24
제품 책임자가 스프린트에 포함시킬 스토리 결정에 어떻게 영향을 미치는가? 25
팀은 스프린트에 포함시킬 스토리를 어떻게 결정하는가? 26
우리가 인덱스 카드를 사용하는 이유 34
완료의 정의 38
플래닝 포커를 사용하여 시간 추정하기 39
스토리 명확히 하기 42
스토리를 작은 스토리로 분해하기 43
스토리를 작업 단위로 나누기 44
일일 스크럼의 시간과 장소 결정하기 46
어디에 선을 그을까 46
기술 스토리 47
버그 추적 시스템과 제품 백로그 51
스프린트 계획회의가 마침내 끝나다 52

5 — 스프린트를 알리는 방법 — 53

6 — 스프린트 백로그 만들기 — 57

스프린트 백로그 형식 57
작업 현황판의 원리 59
예제 1 – 첫 번째 일일 스크럼을 마치고 60
예제 2 – 며칠이 지나고 60
소멸 차트의 원리 62
작업 현황판의 경고 신호 63
이봐, 이력 관리는 어떻게 해?! 65
날짜로 추정하기와 시간으로 추정하기 65

7 — 팀방 꾸미기 — 67
- 설계 구역 67
- 팀을 한자리에 모아라 68
- 제품 책임자 떨어뜨려 놓기 70
- 관리자와 코치 떨어뜨려 놓기 71

8 — 일일 스크럼 진행하기 — 73
- 작업 현황판 업데이트하기 73
- 지각자 다루기 74
- '오늘 할 일을 모르겠어요' 문제 다루기 75

9 — 스프린트 데모하기 — 79
- 모든 스프린트가 데모로 끝나야 하는 이유 79
- 스프린트 데모 체크리스트 80
- '데모 불가' 항목 처리하기 81

10 — 스프린트 회고하기 — 83
- 모든 팀이 회고를 해야 한다고 주장하는 이유 83
- 회고 구성하기 84
- 팀 간 교훈 전파하기 86
- 바꿀 것인가 바꾸지 않을 것인가 87
- 회고 중에 드러날 수 있는 사례들 88

11 — 스프린트 사이의 휴식 시간 — 91

12 — 고정 가격 계약 하에서 릴리스 계획하기 — 95
- 허용 기준 정의하기 96
- 가장 중요한 항목들의 시간 추정하기 97
- 속도 추정하기 99

전부 합쳐 릴리스 계획 만들기 100
릴리스 계획을 현실에 맞추기 101

13 - 스크럼과 XP 결합하기 — 103

짝 프로그래밍 104
테스트 주도 개발(TDD) 105
점증적 설계 108
지속적 통합 109
코드 공동 소유 109
정보가 가득한 작업 공간 110
코딩 표준 110
지속 가능한 속도/ 활기 넘치는 작업 111

14 - 테스트하기 — 113

인수 테스트 단계를 없앨 수는 없다 113
인수 테스트 단계 최소화하기 115
스크럼 팀에 테스터를 포함시켜 품질 향상시키기 115
스프린트 작업량을 줄여 품질 향상시키기 118
인수 테스트가 스프린트의 일부여야 하는가? 119
스프린트 주기와 인수 테스트 주기 120
가장 느린 연결고리에서 무리하지 마라 125
현실로 돌아가기 126

15 - 여러 스크럼 팀 다루기 — 127

팀을 몇 개 만들어야 하는가 127
스프린트를 동기화할 것인가, 말 것인가? 131
'팀 리드' 역할을 도입한 이유 133
팀에 인원 할당하기 134
특화 팀을 둘 것인가 말 것인가? 136
스프린트 사이에 팀을 재구성하는 문제 138
비상근 팀원 139
스크럼들의 스크럼 진행하기 140

일일 스크럼 회의 엇갈리게 배치하기　143
소방수 팀　144
제품 백로그를 나눌 것인가 말 것인가?　145
코드 가지치기　150
여러 팀 회고　152

16 - 지리적으로 분산되어 있는 팀 다루기 —— 153
오프쇼어링　154
재택근무하는 팀원　156

17 - 스크럼 마스터 체크리스트 —— 159
스프린트 초기　159
매일　160
스프린트 종료　160

18 - 글을 마치며 —— 161

- 추천 도서　162
- 지은이 소개　163
- 부록 1 : 스크럼 입문　165
- 부록 2 : 노키아 체크리스트　199
- 부록 3 : 플래닝 포커 사용법　205
- 찾아보기　207

추천의 글 1 | 제프 서더랜드

팀은 스크럼의 기본을 알고 있어야 합니다. 제품 백로그를 만들고 추정하는 방법, 제품 백로그로부터 스프린트 백로그를 만드는 방법, 소멸 차트를 관리하는 방법, 팀 속도를 계산하는 방법 등을 알고 있어야 합니다. 헨릭의 책을 통해 여러분은 단지 스크럼을 적용하는 수준을 넘어 스크럼을 훌륭하게 실행하는 데 도움이 되는 기본적인 실천법을 실행에 옮길 수 있을 것입니다.

스크럼을 훌륭하게 실행하는지 여부가 투자를 하려는 사람들에게 점점 더 중요한 요소로 부각되고 있습니다. 저는 어느 벤처캐피털 회사의 애자일 코치 역할을 맡고 있는데, 주요 임무는 애자일 실천법을 훌륭하게 실행하는 애자일 회사들에만 투자하겠다는 그들의 목적을 이루도록 돕는 일입니다. 이 회사의 사장은 투자를 원하는 회사들에게 자기 팀의 속도(velocity)를 알고 있는지 꼭 물어봅니다. 그들은 질문에 바로 답하는 것을 힘들어 하지요. 앞으로 투자를 원하는 개발팀이라면 자신들이 소프트웨어를 개발하는 속도를 알고 있어야 합니다.

이것이 왜 그렇게 중요할까요? 팀이 자신의 속도를 모르면 제품 책임자는 신뢰할 만한 출시일이 포함된 제품 로드맵을 만들 수 없습니다. 출시일을 신뢰할 수 없다면 회사가 제때 제품을 출시하지 못하고 투자자는 투자한 돈을 잃고 말겠죠!

이는 회사가 크든 작든, 신생이든 아니든, 투자를 받았든 받지 않았든 간에 누구나 직면하고 있는 문제입니다. 최근 런던에서 열린 어느 컨퍼런스에서 구글의 스크럼 적용 사례에 대한 토의를 하는 중에 있었던 일입니다. 나는 135명의 청중들에게 스크럼을 하고 있는지 물어보았습니다. 30명이 하고 있다고 답했습니다. 이번에는 노키아 기준으로 반복개발을 하고 있는지 물어보았습니다. 반복개발은 '동작하는 소프트웨어를 일찍, 자주 전달하라'고 말하는 애자일 선언문의 근간입니다. 몇 백 개나 되는 스크럼 팀에서 수년간의 회고를 거치면서 노키아는 반복개발이 갖추어야 할 기본적인 필요조건을 정리하였습니다.

- 반복은 반드시 일정한 시간 제한을 가지며 그것은 최대 6주를 넘기면 안 된다.
- 반복이 끝날 때의 코드는 반드시 QA 테스트를 거친 상태이어야 하며 정상적으로 동작해야 한다.

스크럼을 하고 있다고 답한 30명 중에서 절반에 해당하는 사람만이 노키아 기준으로 본 애자일 선언의 첫 번째 규칙을 따르고 있다고 응답했습니다. 그런 후 그들에게 노키아 스크럼 기준을 준수했는지 물어보았습니다.

- 스크럼 팀에는 반드시 제품 책임자가 있어야 하며 팀은 누가 제품 책임자인지 알고 있어야 한다.
- 제품 책임자는 반드시 제품 백로그를 가지고 있어야 하며 제품 백로그의 추정치는 팀이 만든 것이어야 한다.
- 팀은 반드시 소멸 차트를 그리고 팀 속도를 알고 있어야 한다.
- 스프린트 동안에는 팀을 방해하는 외부인이 있어서는 안 된다.

스크럼을 하고 있다는 30명 중에서 오직 3명만이 노키아 스크럼 테스트를 통과했습니다. 내가 일하고 있는 벤처캐피털 회사에서 투자를 받을 만한 팀은 이들뿐입니다.

헨릭의 책이 지닌 가치는 그가 소개하는 실천법을 따라 하면 제품 백로그를 만들고, 제품 백로그를 가지고 추정하며, 소멸 차트를 그리고, 팀 속도를 알게 된다는 것입니다. 제대로 스크럼을 운영하는 데 필수적인 다른 많은 실천법들까지 포함해서 말입니다. 이제 여러분은 노키아 스크럼 테스트[1]를 접하게 될 것이며, 그것은 투자해 볼 만한 일일 것입니다. 여러분이 막 회사를 차렸다면 벤처캐피털로부터 투자를 받게 될지도 모릅니다. 소프트웨어 개발의 미래이자 소프트웨어 제품의 새 지평을 여는 주인공이 바로 여러분일지도 모릅니다.

제프 서더랜드 박사
스크럼 공동 창시자

---

1 (옮긴이) 노키아 스크럼 테스트는 부록을 참조하세요.

추천의 글 2 | 마이크 콘

스크럼과 익스트림 프로그래밍(XP)은 팀에게 매 반복의 종료 시점마다 출시할 만한 명확한 작업 결과물을 완성할 것을 요구합니다. 여기서 반복은 시간이 짧고 시간 제한이 있습니다. 짧은 시간 내에 동작하는 코드를 전달하는 데 집중해야 하므로 스크럼 팀과 XP 팀은 이론만 논하고 있을 시간이 없습니다. 그들은 CASE 도구를 사용하여 완벽한 UML 모델을 그리는 데 매달리지 않습니다. 완벽한 요구사항 문서를 작성하지도, 미래에 있을지 없을지도 모를, 상상 가능한 모든 변경사항을 수용하는, 그런 코드를 작성하지도 않습니다. 이렇게 스크럼 팀과 XP 팀은 어떻게든 실제로 일이 완료되도록 하는 것에 집중합니다. 또한 팀은 일하는 도중에 발생할 수 있는 실수를 받아들입니다. 하지만 그들은 그러한 실수를 발견하는 최선의 방법이 더 이상 분석과 설계라는 '이론적 차원에서 소프트웨어 바라보기'에 있지 않고, 그 안으로 뛰어들어 직접 손을 더럽혀가며 제품을 개발하는 것에 있음을 분명 깨닫고 있습니다.

이 책 역시 이론보다는 실행에 초점을 맞추고 있다는 점에서 다른 책들과 차별화됩니다. 이러한 헨릭 크니버그의 견해는 도입부만 보아도 알 수 있습니다. 그는 스크럼이 무엇인지 장황하게 설명하지 않습니다. 그저 간단한 웹 사이트를 몇 개 알려줍니다. 그리고는 곧바로 본론으로 들어가 그의 팀이 제품 백로그를 어떻게 관리하고 활용했는지를 설명합니다. 계속해서 잘 돌아가는 애자일 프로젝트의 다른 여러 가지 요소와 기법들을 하나하나 다루어 나갑니다. 이 책에는 고리타분한 이론도 참고문헌도 각주도 없습니다. 아무

것도 필요치 않습니다. 헨릭의 책은 스크럼이 왜 통하는지, 여러분이 왜 스크럼이나 다른 기법을 시도하려고 하는지 철학적인 설명을 하지 않습니다. 잘 굴러가는 애자일 팀이 어떻게 일하는지를 설명할 뿐입니다.

이 책 원문의 부제로「스크럼, 우리는 이렇게 한다(How We Do Scrum)」가 적합한 것은 바로 이런 이유 때문입니다. 이 책의 내용은 여러분이 실행하는 방법과 같지 않을 수도 있습니다. 헨릭의 팀에서 실행한 방식이니까요. 아마도 여러분 중에는 다른 팀이 어떤 식으로 스크럼을 실행하든 그것을 왜 신경 써야 하는지 의아해 할 수도 있을 것입니다. 하지만 다른 팀이 해온 과정을 듣는 것만으로도 우리는 모두 스크럼을 더 잘 실행할 수 있는 깨달음을 얻게 됩니다. 특히나 그것이 잘 하고 있는 팀의 이야기라면 더 도움이 되겠지요. 팀과 프로젝트마다 상황이 각기 다르기 때문에, '스크럼 베스트 프랙티스'는 존재하지 않으며 앞으로도 존재하지 않을 것입니다. 대신 우리가 알아야 할 것은 좋은 사례와 그것이 어떠한 프로젝트 상황(context)에서 성공하였는가 하는 것입니다. 성공한 팀의 이야기를 많이 접하시고 그들이 어떻게 했는지 살펴보세요. 여러분이 스크럼과 XP를 적용하면서 마주칠 장애물에 어떻게 대처할지 준비할 수 있을 겁니다.

헨릭은 우리가 각자의 프로젝트에서 어떻게 스크럼과 XP를 실행할지 그 방법을 더 잘 배울 수 있도록, 좋은 실천법은 물론 그에 필요한 상황을 알려 주고 있습니다.

마이크 콘

『Agile Estimating and Planning』[1] 과 『User Stories Applied for Agile Software Development』[2] 의 저자

---

1 (옮긴이)『불확실성과 화해하는 프로젝트 추정과 계획』(인사이트, 2008)
2 (옮긴이)『사용자 스토리』(인사이트, 2006년)

추천의 글 3 | 김수옥 LG전자 생산성연구원 상무

오늘날 IT, Game, SI 분야뿐만 아니라 전자, 자동차, 금융 등 거의 모든 산업 분야에서 S/W의 비중은 급격히 커지고 있으며, 그 속도도 점점 빨라지고 있습니다. 많은 제품에서 사용자 기능의 거의 대부분이 S/W로 구현되고 있고, 이에 따라 S/W 개발 능력이 많은 회사의 흥망을 좌우하는 시대가 되었다고 해도 과언이 아닙니다.

S/W 개발의 생산성과 품질을 향상시키기 위한 노력으로 70년대부터 S/W Engineering이 발전되었고, 이후 SPICE, CMM, TSP 등 많은 개발 방법론이 등장하여, S/W도 건축이나 토목공사처럼 프로젝트 계획 시 필요한 자원과 비용을 미리 산정하고 설계' 구현하는 공학의 체계를 갖게 되었습니다.

그러나 이러한 소프트웨어 공학의 도움에도 불구하고 여전히 S/W 개발 프로젝트는 매우 힘들게 진행되는 경우가 많습니다. 상당수의 프로젝트가 중간에 Drop 되고 있고, 절반 이상의 프로젝트가 납기와 예산을 초과하고 있습니다. PL은 항상 바쁘게 뛰어다니고, 개발자는 야근, 특근을 밥 먹듯 하지만, 관리자는 프로젝트가 계획 대비 진행률이 어느 정도인지 파악조차 되지 않아서 불안해 합니다. 이러다 보니 IT 분야 종사자들은 3D 업종 종사자라고 푸념하기도 합니다.

2000년대에 와서는 Agile 개발 방법론이라는 새로운 패러다임이 등장합니다. 이것은 다른 무엇보다도 S/W를 낭비 없이 빠르게 만드는 것이 가장 중요하다고 믿는 사람들이 커뮤니티를 만들어 활동하면서 발전하였으며, S/W 개발자들 간의 상호작용, 작동하는 S/W, 고객과의 협력, 변화에의 대응을 4가지 주요 가치로 삼고 있습니다.

이 방법론 중 하나가 스크럼(Scrum)입니다. 스크럼은 복잡한 프로젝트를 관리하기 위한 아주 단순한 프레임워크로, 고객이 원하는 Product Backlog와 그것을 만들어 내기 위한 Sprint Backlog를 Daily Scrum 미팅을 통해 고객에게 최고의 가치를 제공하는 Product를 만들어 내게 합니다. 그 결과 여러 기업과 조직에서 큰 성과를 거두었다고 알려져 있습니다.

급변하는 시장 상황에 대응하기 위해 기존의 대량 생산과는 전혀 다른 새로운 개발 방식이 도입되는 과정에서, Lean 생산, 반복 개발과 같은 개념이 나타나면서 스크럼 탄생에 영향을 주었습니다. 재미있는 것은 이런 방법론들이 서로 완전히 독립적으로 시작되었지만, 그 발전 과정에서 많은 공통점을 갖게 되었다는 것입니다.

저자는 S/W 개발 조직 내에서 벌어질 수 있는 다양한 상황을 몸소 체험하고, 이에 대응하기 위한 많은 시도(때론 시행착오를 겪어가면서)에서 얻은 소중한 경험들을 이 책에 쏟아 내었습니다. 스크럼을 시작하거나 또는 시작한지 얼마 되지 않는 조직에서 앞으로 겪게 될 상황들이 이 책에 거의 모두 설명되었다고 할 것입니다.

또한 이 책의 역자들은 LG전자에서 수년간 SW 개발 조직을 컨설팅하면서 많은 실전 경험을 갖고 있는 사람들로서, 저자의 의도를 정확히 파악하고 이를 생동감 있는 문장으로 번역하여, 독자에게 읽기 쉽고 재미있는 책으로 재탄생시켰습니다.

스크럼을 추진하면서 어려운 상황에 직면한 조직은 이 책에서 제시한 방법을 참고하여 문제를 해결할 수 있을 것입니다. 많은 S/W 개발자, 프로젝트 리더, 관리자, 경영자들이 이 책을 통해 그들이 당면한 난국을 타개할 수 있는 전략과 지혜를 얻을 수 있기를 기대합니다.

추천의 글 4 | 박일 NC소프트 | 블로그 parkpd.egloos.com

스크럼은 배우기는 쉽지만, 적용하기는 어렵습니다. 스크럼 연합(Scrum Alliance)은 스크럼을 프레임워크(framework)라고 부릅니다. 프레임워크라는 건 문자 그대로 뼈대입니다. 스크럼을 성공적으로 적용하기 위해서는 간단하게 뼈대만 그려진 도화지에 물감을 풀어 살을 입히는 것처럼 상황에 맞게 빈칸을 채우는 노력이 필요합니다. 즉, 개발팀 고유의 특성에 따라 스크럼을 상황에 맞게 적용할 수 있어야 합니다.

스크럼은 팀마다 상황마다 다른 방식으로 적용됩니다. 저희 팀 같은 경우, 정보방열기 역할을 하는 큰 화이트보드가 있지만, 공식적인 제품 백로그와 스프린트 백로그는 포스트잇 대신 엑셀에 기록한 후 CVS에 저장합니다. 정해진 스크럼 마스터는 없습니다. 하지만, 암묵적으로 그 역할을 사람이 있고 (보통은 팀장이 하게 됩니다), 100% 이상 그 역할을 잘 해주고 있습니다. 일일 스크럼 회의는 하지만 스프린트 검토회의는 각 업무별로 실무자들끼리 알아서 진행합니다. 팀 전체 번다운 차트는 없지만, 개인별 번다운 차트가 있어서 누군가의 업무가 밀릴 경우 다른 팀원이 그 팀원의 작업을 도와줄 수 있도록 조정해 줍니다. 개발 기간 중에는 스프린트를 돌리지만, 라이브 업데이트 후에는 서비스가 안정될 때까지 비상체계로 돌아갑니다.

'이 책에 소개하는 그대로'의 스크럼은 아니지만 저희 상황에 맞는 스크럼을 진행함으로써 생산성이 많이 향상되는 것을 체험할 수 있었고, 큰 거부감이나 부작용 없이 스크럼이라는 문화를 팀에 정착시킬 수 있었습니다.

자전거를 배우는 가장 좋은 방법은 잘 하는 사람이 타는 걸 관찰하면서 실제로 따라해 보고 그 감각을 익히는 것일 겁니다. 이 책에서는 '스크럼을 어떻게 도입할 수 있는지'에 대해 저자의 경험담과 함께 세세한 부분까지 하나하나 소개하고 있습니다. 이 책을 읽은 후 프로젝트 성공을 위해서 스크럼을 어떻게 도입하고 사용할 수 있을지를 고민하고 동시에 동료들과 함께 노력한다면 성공으로 가는 길이 좀더 가까이 다가올 것이라 생각합니다.

한국 독자에게 보내는 지은이의 글 헨릭 크니버그

안녕하세요. 한국 독자 여러분!

드디어 제 책의 한국어판이 출간되어 여러분들의 손에 들려진다고 생각하니 정말 기쁩니다.

몇 년 전에 제가 이 책을 처음 썼을 때, 혹시나 사람들이 이 책을 스크럼 매뉴얼로 간주하여 이 책의 모든 실천법들을 그대로 따라 하면 어쩌나 하고 걱정되어, 책 서문의 '주의' 절에 조심할 것을 언급하였습니다. 하지만 대다수의 사람들이 주의사항을 읽지 않는다는 것을 알게 되었습니다. 왜냐하면, 자신들의 프로세스를 완벽하게 뜯어고쳤고 실천법들은 제 책에 기술된 대로 똑같이 적용했다는 이메일을, 제가 책을 출간한 이후 매주 한 번도 빠짐없이 받고 있기 때문입니다.

그런데, 더 놀라운 것은 그분들이 한결같이 "효과가 있어요!"라고 말한다는 점입니다.

처음에 저는 이 상황이 정말로 혼란스러웠습니다. 관찰과 적응(Inspect and Adapt)은 어떻게 되어버린 거지? 저는 모든 회사가 스크럼을 경험해보고 나서, 그것을 바탕으로 자신들의 고유한 환경에 적응해 나가야 한다고 확신했었거든요.

그러다 이런 생각이 들었습니다. 개발자로서 새로운 API 나 도구를 배울 때, 제일 처음 하게 되는 일이 뭘까요? 스펙이나 매뉴얼을 읽을까요? 아닙니다. (저를 포함하여) 대부분의 사람들은 예제 코드를 들여다보고, 그것을 복사

한 후에 알맞게 수정하죠. 결국 저는 제 책이 사실상 다양한 예제 코드 역할을 했다는 사실을 깨닫게 되었습니다!

출간 이후에 배운 것이 또 하나 있습니다. 일부 잘 정립된 '베스트 프랙티스'들이 밖에서도 통한다는 것입니다. 하지만 최고의 실무사례가 항상 최고인 것은 아닙니다. 단지 일반적으로 대다수 환경에서 잘 통하기 때문에, 좋은 시작점이 될 수는 있습니다. 저는 제 책 전체가 베스트 프랙티스들을 기술하고 있음을 깨달았습니다.

그러므로 원한다면 이 책을 그대로 따라 하는 것으로 스크럼 구현을 시작하셔도 무방합니다. 그 뒤에는 '관찰과 적응'을 꼭 기억하세요!

덧붙여, 스크럼을 시도하려고 할 때 여러분께 권해 드릴 몇 가지 사항을 말씀 드리면 다음과 같습니다.

1. 스크럼을 철저히 규칙에 따라 시작합니다. 이 책과 함께 저의 체크리스트가 도움이 될 수 있네요. http://www.crisp.se/scrum/checklist.
2. 하지만 처음부터 모든 실천법을 구현할 수 없다면, 점진적으로 시도하세요.
    a. 회고부터 시작하세요. 여러분이 함께 앉아 프로세스를 어떻게 개선해야 할지 이야기 나눌 시간이 없다면, 절대로 나머지 스크럼을 구현할 수 없습니다.
    b. 그 다음, 제품 책임자를 찾고, 제품 백로그를 만드세요.
    c. 그 다음, 제품 백로그 항목들을 설계하고 구현, 테스트하는 데 필요한 모든 기술을 갖춘 교차기능팀을 구성하세요.
    d. 그 다음, 스프린트를 시작하세요. 초기에 스프린트 계획회의를 실시하고, 매일 일일 스크럼 회의를 종료할 때는 스프린트 검토와 회고를 하세요. 매 스프린트가 끝나면 모든 기능들이 검증되고 작동하는 제

품을 릴리스해야 하는 것도 잊지 마세요. 그런데, 이렇게 하려면 사실상 XP의 거의 모든 실천법을 구현해야 합니다. 그러므로 이 단계는 많은 준비가 필요합니다.

   e. 그 다음, 백로그 항목들에 대해 추정을 시작하고, 각 스프린트 후에 속도를 측정하세요.

   f. 그 다음, 평균 속도를 가지고 릴리스 계획을 수립하세요.

3. 넓게 바라보세요. 다른 스크럼과 애자일 소프트웨어 개발 관련 책들을 읽으세요. 『린 소프트웨어 개발』과 『익스트림 프로그래밍』은 꼭 보시고 『Managing the Design Factory』와 『탁월한 조직이 빠지기 쉬운 5가지 함정(The Five Dysfunctions of a Team)』 같은 책도 추천합니다. 스크럼반(Scrumban)/칸반(Kanban) 관련 서적도요.

4. 스스로 지식으로 무장하고 관찰하고 적응하세요! 스크럼 구현을 여러분에 맞게 커스터마이징 하되, 스크럼 프레임웍의 기본 규칙은 깨뜨리지 마세요.

5. 팀과 제품 책임자, 그리고 변화로 인해 영향을 받는 모든 사람들을 지속적으로 참여시키는 걸 잊지 마세요. 그렇지 않으면 저항이 생길 것이고, 이전 방식으로 돌아가려고 하게 될 것입니다.

최근 몇 년 동안 저는 스크럼과 XP를 시작하려는 많은 회사들을 도와왔고, 얼마나 잘 적용되는지 놀라워하고 있습니다. 하지만 기억할 중요한 점은, 스크럼이 초기에 고통을 안겨준다는 사실입니다. 스크럼은 대개 여러분 회사에 존재하는 모든 종류의 낭비와 장애들, 여러분과 여러분 팀만 해결할 수 있는 문제들을 드러냅니다. 종종 스크럼은 제품 책임자의 부재, 알맞은 엔지니어링 실천법(XP)의 부족, 프로젝트 후반부에 너무 늦게 테스트가 이루어지는 문제들을 드러내게 됩니다. 공포에 떨지 마세요. 절망하지 마세요. 문제들의 우선순위를 매기고 하나씩 차근차근 해결해 나가세요!

저는 스크럼을 도입하고 얼마 지나지 않아 (다른 스크럼 실천법들은 유지한 채로) 스프린트를 포기하기로 결정한 팀들을 몇몇 보았습니다. 전형적으로 이러한 팀들은 지원 조직이나 운영 조직이었는데 업무의 특성이 연속적인 흐름으로 진행되기 때문에, 그런 업무를 스프린트로 끊어서 처리하는 데 어려움을 겪었습니다. 가끔은 그렇게 하는 것이 무의미한 경우도 있었습니다. 저는 이러한 경우에 쓸만한 상호보완적인 기법으로 칸반(가끔은 스크럼반이라고 불리는)을 찾아냈습니다. 칸반은 스프린트로 업무를 끊지 않으면서도, 스크럼 대부분의 장점들을 안겨줍니다.

또 하나의 경향은 많은 회사들이 스크럼만으로 충분치 않다는 사실을 깨닫기 시작했다는 것입니다. 그것은 사실입니다. 좋은 엔지니어링 실천법과 깨끗한 코드를 확보하지 않은 상태로는 분명 빠르게 성공하지 못할 것입니다. 그것이 제가(그리고 애자일 커뮤니티의 많은 사람들이) 스크럼과 XP를 본질적으로 하나의 통합된 프로세스로 다룬 이유입니다.

즐겁게 읽어주시고, 여러분의 모험에 행운이 깃드시길!

2009년 3월 6일

옮긴이의 글

　2007년 12월의 어느 추운 겨울 날, 나는 인천공항에서 우리에게 스크럼을 가르쳐 줄 바스 보드(Bas Vodde)의 입국을 기다리고 있었다. 이후 3일 간 그는 이전에 우리가 전혀 경험하지 못한 새로운 방법으로 교육을 진행했다. 그는 매번 이상한 문제들을 냈고, 우리는 이를 해결하느라 곤혹을 치러야 했다. 하지만 지금 생각해보면 그가 제시한 문제와 해답은 모두 보편타당한 상식에 기반하고 있었다. 그러나 소프트웨어 개발의 현실은 이런 상식에서 어긋나는 경우가 많기 때문에, 바스는 이를 우리에게 깨우쳐 주려 했던 것으로 생각된다.

　SW개발은 개발자 외에도 PL, 상위 관리자, 프로세스 팀, 테스트 부서 등이 협력하여 진행된다. 그들이 마치 한 몸처럼 일사불란하게 움직이면 프로젝트의 성공 가능성이 높아진다. 반대로 각자의 이해관계에만 치중한다면 프로젝트는 실패할 수밖에 없다. 개발자는 자기 기능만 신경 쓰고, 상위 관리자는 일정만 챙기고, 프로세스 부서는 문서와 절차만 신경 쓴다면 어떻게 프로젝트가 성공할 수 있겠는가?

　스크럼 마스터는 제3자처럼, 개발팀에서 한 발 떨어져서 충고만 하는 사람이 아니라, 같이 일하고 바로 옆에서 도와주는 사람이다. 복잡한 코드와 복잡한 문제들을 해결해 나가야 하는 SW 개발은 마치 진흙탕에서 뒹구는 것과 같다. 누군가 그런 SW 개발팀을 도우려고 한다면, 자기 몸을 더럽히지 않고

도와줄 수 있는 방법은 없다. 진흙탕에 빠져서 같이 허우적거리면서 한발 한발 나아가야만 결국 프로젝트를 완료할 수 있다. 마치 영화 "슬럼독 밀리어네어"에서 주인공이 오물을 뒤집어쓰고 달려가 결국 '아미타브 밧찬'에게 사인을 받아 내는 것처럼 말이다.

저자 헨릭은 자신의 경험을 기반으로 실제 스크럼을 진행하면서 겪게 되는 자질구레한 문제들을 자세히 설명하고 있다. 그 상황 묘사가 너무나 리얼해서 책을 읽다 보면 마치 내가 그 상황에 있는 듯한 느낌을 받고, 어느새 그 문제가 나의 문제가 되어 나도 같은 고민을 하게 된다. 스프린트 미팅 시간이 너무 길어져서 스프린트 계획을 모두 마치지 못한 경우 그냥 진행해야 할지 아니면 미팅을 다시 해야 할지, 제품 소유자가 스프린트 중간에 기능을 추가하려고 하는 경우 그의 요청을 받아들여야 할지, 어떻게 조율해야 할지 등, 실제 스크럼을 진행하면서 겪을 수 있는 거의 모든 상황이 이 책에 망라되어 있다.

이제 이 책을 따라서 스크럼을 진행하게 될 여러분들은 곧 진흙탕에 빠져서 허우적거리게 될 것이다. 그러나 너무 걱정하지 말라. 저자 헨릭이 그 진흙탕 속에서 허우적대는 우리에게 전진하는 방법을, 그리고 결국에는 멋진 연꽃을 피우는 방법을 알려줄 터이니…….

감사의 글

내 주변에 뛰어난 사람들이 함께 하고 있음을 늘 감사하게 생각한다. 이번 번역 작업 또한 항상 나를 채찍질하고 자극해 준 동료 선후배들이 없었다면, 결코 즐겁게 진행할 수 없었을 것이다. 같이 작업한 심우곤, 한주영 님 그리고 많은 실무 자문을 해준 전정우, 신제용 님께 감사한다. 그리고 늘 옆에서 힘이 되어 주는 딸 태은, 정은 그리고 와이프 이수미 님에게도 고마움을 전한다.

엄위상

드디어 출간이다!·o· 하나님께 제일 먼저 영광을 돌린다. 계획했던 일정을 훌쩍 넘어 마음고생이 심하셨을 인사이트 한기성 사장님과 김강석 님께 죄송하고 또 감사함을 전한다. 건강을 챙기라며 늘 마음 써주시는 부모님과 동생 우태, 그리고 늘 함께 해주었고 앞으로도 평생 함께할 소울 메이트이자 반려자인 이상은 님에게 이 책을 바친다.

심우곤

혜정아, 고맙다. 사랑한다.

한주영

들어서며 | 이봐, 스크럼이 통했어!

스크럼이 통했습니다. 적어도 우리 상황에서는 말이죠. (이름을 밝힐 수는 없지만 스톡홀름에 있는 고객의 이야기입니다.) 여러분에게도 통하기를 바랍니다. 이 책이 여러분을 인도해 줄 것입니다.

스크럼은 책에서 언급된 대로 제대로 적용되는 개발 방법론입니다(미안해요, 켄. 프레임워크라고 하지 않고 방법론이라고 말했네요). 마치 플러그 앤 플레이처럼 말이죠. 아직까지 이런 개발 방법론은 본 적이 없습니다. 개발자, 테스터, 관리자 할 것 없이 모두 이 점에 만족하고 있습니다. 스크럼은 힘든 상황을 벗어나는 데 도움을 주었으며, 어려운 시장 상황과 지원 감소에도 불구하고 우리의 방향과 중심을 유지할 수 있게 해주었습니다.

이렇게 말하면 안 되는 것이지만 그 당시 나는 깜짝 놀랐습니다. 처음 스크럼 관련 책들을 몇 권 읽어보니 스크럼이 괜찮아 보였지만 너무 좋아서 오히려 믿을 수가 없었습니다. (진짜라고 믿기에 너무 좋아 보이는 것은 의심해 보라고 하잖아요?). 그래서 다소 회의적일 수밖에 없었습니다. 하지만 일여 년 동안 스크럼을 적용해본 결과 나와 우리 팀 대다수가 감명을 받았습니다. 앞으로도 큰 이변이 없는 한 나는 기본적으로 신규 프로젝트에 스크럼을 계속 적용할 것입니다.

Scrum and XP from the Trenches | 1

들어가는 글

여러분이 이제 막 조직에 스크럼을 적용하려고 하는지, 이미 스크럼을 몇 개월 간 적용하였는지 모르겠다. (혹은) 이미 기본을 닦았고, 여러 권의 스크럼 관련 책을 읽었는지도 모르겠다. 아니면, 벌써 스크럼 마스터 인증까지 받았는지도 모르겠다. 그렇다면 축하한다!

그렇지만 여전히 혼란스러울 것이다.

켄 슈와버의 말에 의하면 스크럼은 방법론이 아니라 프레임워크다. 그 이야기는 스크럼이 여러분에게 정확히 무엇을 해야 하는지 알려주지 않는다는 것이다. 맙소사!

이 책에서의 좋은 소식은 내가 스크럼을 어떻게 적용했는지 고통스러울 정도로 상세하게 설명할 것이라는 점이고, 나쁜 소식은 내가 적용한 스크럼만 언급한다는 점이다. 그렇다고 해서 여러분이 정확히 나와 동일한 방식을 따라야 하는 것은 아니다. 사실 나 역시 다른 상황에 처한다면 다른 방식으로 진행할 것이다.

스크럼의 장점이자 단점은 처한 상황에 맞게 융통성을 발휘해야만 한다는 것이다.

  내가 진행한 스크럼 방식은 약 40여 명으로 구성된 한 개발팀에 일 년 간 실험적으로 스크럼을 적용한 결과로 완성된 것이다. 그 회사는 과도한 초과근무, 심각한 품질 문제, 계속되는 문제점과의 사투, 납기 지연 등 어려운 상황에 처해 있었다. 회사는 스크럼을 도입하기로 결정했지만 실제로는 내가 의도했던 것처럼 적용하지는 못했다. 당시 개발팀 대다수 사람들에게 '스크럼'은 그들의 일상적인 작업과는 어떤 상관도 없는, 가끔씩 복도에서나 메아리치는 종잡을 수 없는 생소한 전문용어일 뿐이었다.

  일 년 이상의 기간 동안 우리는 회사의 모든 계층에 스크럼을 적용했다. 우리는 다양한 팀 규모(3-12명), 다양한 스프린트 길이(2-6주), 다양한 방식의 '완료(done)' 정의, 다양한 제품 백로그와 스프린트 백로그(엑셀, Jira, 인덱스 카드) 포맷, 다양한 테스팅 전략, 다양한 데모 방식, 여러 스크럼 팀을 동기화하는 다양한 방법 등을 시도했다. 우리는 다양한 방식의 지속적인 빌드, 짝 프로그래밍, 테스트 주도 개발 등 여러 XP 실천법을 적용해 보았으며, 그것을 스크럼과 어떻게 결합할 수 있는지 실험하였다.

  이것은 지속적인 학습 과정이므로 이 이야기는 아직 끝나지 않았다. 나는 이 회사가 (스프린트 회고를 계속한다면) 지속적으로 배워 나갈 것이며, 자신의 독특한 환경에서 어떻게 스크럼을 적용하는 것이 최선인지 새로운 통찰을 얻을 것이라고 확신한다.

주의

이 책에서는 스크럼을 실행하는 '정도(正道)'를 주장하려는 것이 아니다! 단지 스크럼을 실행하는 한 가지 방법으로, 1년 이상 꾸준히 다듬어진 결과물을 다루고 있을 뿐이다. 물론 우리가 얻은 경험이 모두 틀렸다고 판단할 수도 있다.

이 책에 담긴 모든 것은 나의 개인적이고 주관적인 의견을 반영한 것으로, 크리스프(Crisp) 사 혹은 현재 내 고객의 공식적인 견해를 의미하지 않는다. 이러한 이유로 의도적으로 특정 제품이나 사람을 언급하지 않았다.

이 책을 쓴 이유

스크럼을 배우면서 스크럼과 애자일 관련 책들을 많이 봤다. 스크럼 관련 사이트와 포럼에도 끊임없이 드나들었다. 켄 슈와버의 인증 과정을 수강하기도 했고, 그에게 수많은 질문을 던지기도 했다. 동료들과 토의하는 데 보낸 시간도 엄청나다. 하지만 나에게 가장 소중한 정보는 실전 경험에서 얻었다. 실전 경험은 '원칙과 실천법'을 ... 뭐랄까 ... '정말로 여러분이 어떻게 해야 하는지'로 바꿔준다. 실전 경험은 대부분의 스크럼 초보가 겪게 되는 실수들을 인식하게 (그리고 가끔은 피할 수 있게) 한다.

나는 이 책으로 무언가 보답할 수 있는 기회를 얻었다. 여기 나의 실전 경험을 풀어놓는다.

부디 이 책을 통해 나와 같은 상황에 있는 여러분에게서 유용한 피드백을 얻을 수 있기를 바란다. 여러분의 한마디 한마디가 나에게 많은 깨달음을 줄 것이다.

그런데 스크럼이 뭐지?

앗, 미안하다. 여러분이 스크럼이나 XP를 전혀 모른다면 먼저 다음 링크를 살펴보는 것이 좋겠다.

- http://agilemanifesto.org
  애자일 선언문 전문과 12가지 원칙, 선언 배경들을 살펴볼 수 있다.
- http://www.mountaingoatsoftware.com/scrum
  마이크 콘(Mike Cohn)이 운영하는 스크럼 소개 사이트로 스크럼에 대해 일목요연하게 잘 정리하였다.

- http://www.xprogramming.com/xpmag/whatisxp.htm
  론 제프리즈(Ron Jeffries)가 운영하는 XP 소개 사이트[1]

너무 성급해서 위 링크를 살펴보는 것도 귀찮다면 마음 편하게 먹고 그냥 계속 읽어 나가도 좋다. 스크럼 용어들이 나오는 대로 설명할 것이니 용어를 몰라 흥미를 잃지는 않을 것이다.

---

1 (옮긴이) 함께 찾아보아야 할 국내 사이트는 한국 XP 사용자 모임(http://xper.org/wiki/xp)이다.

Scrum and XP from the Trenches

2

제품 백로그 만들기

제품 백로그는 스크럼의 핵심이다. 모든 것이 여기서부터 시작된다. 제품 백로그는 기본적으로 우선순위가 매겨진 요구사항의 목록이다. 요구사항 대신 스토리나 기능 혹은 다른 어떤 이름이라도 상관없다. 고객이 원하는 것을 고객의 용어로 설명한 것이면 된다.

우리는 이것들을 **스토리** 또는 그냥 **백로그 아이템**이라고 부른다.

우리가 사용하는 스토리에는 다음 항목들이 포함된다.

- **ID** 자동으로 매겨지는 고유 식별자. 이름을 바꾸더라도 스토리를 추적할 수 있게 하기 위한 것이다.
- **이름** 스토리를 설명하는 짧은 이름. 예를 들어 '개인 트랜잭션 이력 보기'와 같은 것이다. 이름을 명확하게 붙여 개발자와 제품 책임자가 그 이름만 보고 스토리의 내용을 대충 파악할 수 있고, 다른 스토리와 구분할 수도 있어야 한다. 영어의 경우에는 대개 2~10개의 단어로 이

루어진다.

- **중요도** 제품 책임자가 생각하는 스토리의 중요도. 10 또는 150과 같이 점수로 나타낸다. 숫자가 클수록 더 중요하다는 뜻이다.
    - 나는 '우선순위'란 용어를 쓰기 싫어한다. 왜냐하면 우선순위 1은 대개 '최상위' 우선순위를 나타내는데, 만약 나중에 더욱 중요한 것이 나타나면 난감한 상황이 된다. 이 경우 우선순위를 어떻게 매겨야 하는가? 우선순위 0? 우선순위 -1?
- **최초 추정치** 다른 스토리와 비교하여 이 스토리를 구현하는 데 상대적으로 얼마나 많은 노력이 필요한지에 대한 팀의 최초 추정치. 추정치의 단위는 **스토리 점수**이며 대개 '이상적인 맨데이(man-day)'에 해당한다.
    - 팀에 이렇게 물어보라. "이 스토리를 끝내기 위해 필요한 최적의 인원을 (너무 적지도 많지도 않은 인원, 대개 2명 정도) 배정하고, 그 인원이 한 방에서 아무런 방해를 받지 않고 먹거리도 충분히 제공 받으며 작업한다면, 데모가 가능하고 테스트도 마쳐 출시할 수 있을 만한 코드로 만들어내는 데 며칠이 필요한가?" 만약 대답이 "3명이 4일 정도 꼼짝 않고 작업해야 합니다."라고 한다면, 최초 추정치는 스토리 점수로 12점이 된다.
    - 추정치의 절대적인 정확도(예, 2점짜리 스토리는 2일만에 끝내야 한다)보다는 상대적인 정확도(예, 2점짜리 스토리는 4점짜리 스토리의 절반 정도 노력이 필요하다)가 중요하다.
- **데모 방법** 스프린트 데모(sprint demo)에서 이 스토리를 어떤 형태로 데모할 것인지에 대한 상위 수준 묘사. 이것은 곧 간단한 테스트 명세이기도 하다. "A를 하고 나서, B를 하면, C가 되어야 한다."
    - 여러분이 TDD(테스트 주도 개발)를 실천하고 있다면, 여기서 기

술한 내용을 인수 테스트 코드의 의사코드로 사용할 수도 있을 것이다.

- **참고** 그밖의 다른 정보나 설명, 참고사항 등은 간단하게만 기록한다.

제품 백로그 (예)

ID	이름	중요도	추정치	데모 방식	참고
1	입금	30	5	로그인, 입금 페이지 열기, 10유로 입금, 잔액 조회 페이지로 이동, 잔액이 10유로 증가했는지 확인.	UML 시퀀스 다이어그램 필요. 지금은 암호화를 고려하지 않아도 됨.
2	거래내역 조회	10	8	로그인, '거래내역 조회' 클릭, 입금 실행, '거래내역 조회'로 다시 이동, 입금 내역이 나타나는지 확인	조회 내역이 많은 경우 페이징 처리.

다른 항목들도 실험적으로 사용해봤지만, 스프린트를 여러 번 진행해 본 바로는 실제로 위의 여섯 가지만 사용되었다.

우리는 보통 제품 백로그를 엑셀 문서로 관리하고, 공유 기능을 켜서 여러 사람이 동시에 편집할 수 있도록 한다. 공식적으로는 제품 책임자가 이 문서를 관리하지만, 굳이 다른 사람이 편집을 못하도록 막고 있진 않다. 개발자가 문서를 열어 어떤 사항을 구체화하거나 추정치를 변경하고 싶어하는 경우가 많기 때문이다.

우리가 제품 백로그 문서를 버전 관리 시스템에 넣어두지 않는 것도 같은 이유에서다. 대신 우리는 문서를 공유 폴더에 넣어둔다. 이렇게 하는 것이 잠금 기능이나 편집상의 충돌을 피하면서 여러 명이 동시에 편집할 수 있도록 하는 가장 간단한 방법이다.

하지만 제품 백로그 외의 다른 산출물은 거의 대부분 버전 관리 시스템에 넣어둔다.

추가 스토리 항목들

가끔은 제품 백로그에 다음의 항목들을 추가하기도 한다. 이 항목들은 대개 제품 책임자가 우선순위를 결정하기 쉽게 하기 위해 사용된다.

- **트랙**(Track) 대강의 스토리 분류로서 '백 오피스(back office)'나 '최적화' 같은 것이 될 수 있다. 이렇게 하면 제품 책임자가 쉽게 최적화 항목만 필터링하여 그들의 우선순위를 한꺼번에 낮게 지정할 수 있다.
- **컴포넌트**(Components) 보통 엑셀 문서의 '체크박스'로 표현된다. 데이터베이스, 서버, 클라이언트 같은 것을 말한다. 이 항목을 보고 팀이나 제품 책임자가 해당 스토리를 구현하는 데 관련된 기술적 컴포넌트가 어떤 것인지 식별할 수 있다. 백 오피스 팀과 클라이언트 팀처럼 스크럼 팀이 여럿 있고, 그 중 어느 팀이 어떤 스토리를 가져갈지 결정할 때 유용하게 사용할 수 있다.
- **요청자**(Requestor) 제품 책임자가 해당 아이템을 처음으로 요청한 사람(고객이나 이해당사자)을 기억해 두었다가 진척 상황을 알리고 싶어하는 경우에 이 항목을 추가한다.
- **버그 추적**(Bug tracking) ID 우리가 Jira를 사용하는 것처럼 별도의 버그 추적 시스템을 운영하고 있다면 스토리와 관련 버그들 사이의 추적성을 부여하는 것도 유용할 것이다.

제품 백로그를 비즈니스 수준으로 유지하기

만약 기술적인 배경 지식이 있는 제품 책임자라면 '이벤트(events) 테이블에 인덱스 추가하기'와 같은 스토리를 추가할 수도 있을 것이다. 제품 책임자가 이 스토리를 원하는 이유는 무엇일까? 그의 진짜 목적은 '백오피스의 이벤트 검색 폼(form) 속도 개선'일지도 모른다.

해당 폼의 속도를 저해하는 요소가 인덱스 유무에 있는 것이 아니라, 원인이 전혀 다른 데 있을 수 있다. 문제를 해결하는 **방법**은 팀이 더 잘 알기 때문에, 제품 책임자는 비즈니스 목표에만 집중해야 한다.

나는 이렇게 기술적인 관점에서 작성된 스토리를 볼 때면, 제품 책임자의 진짜 목적을 찾을 때까지 "그런데 왜?" 스타일의 질문을 계속해서 던진다. 그리고 나서 그 밑바탕에 깔려있는 본래의 목적('백오피스의 이벤트 검색 폼 속도 개선')이 드러나도록 스토리를 다시 쓴다. 처음에 기술적인 관점에서 작성되었던 스토리는 참고 항목('이벤트 테이블에 인덱스를 추가하는 방법 고려')으로 남겨 놓는다.

Scrum and **XP** from the Trenches 3

스프린트 계획회의 준비하기

스프린트 계획회의하는 날은 정말 빨리 다가온다. 우리는 끊임없이 이런 교훈을 얻고 있다.

교훈: 스프린트 계획회의 이전에 제품 백로그를 깔끔하게 정리해 놓을 것.

이것이 무엇을 의미할까? 모든 스토리가 완벽하게 정의되어 있어야 한다는 것일까? 모든 추정이 정확해야 한다는 것일까? 부여한 우선순위에 변동이 없어야 한다는 것일까? 아니다. 절대 그렇지 않다. 정말 의미하는 것은 이것이다.

- 제품 백로그는 반드시 존재해야 한다! (상상이 되는가?)
- (제품당) 반드시 제품 백로그가 **하나**, 제품 책임자가 **한 명**이어야 한다.
- 중요한 아이템에 중요도를 부여할 때, 모두 **서로 다른** 값을 부여해야 한다.
  - 사실 중요도가 낮은 아이템들은 모두 같은 값을 가져도 된다. 십중 팔구 스프린트 계획회의를 할 때 그 항목들은 논의되지 않을 것이기

때문이다.
- 제품 책임자가 보기에 다음 스프린트에 포함될 가능성이 희박한 모든 스토리에는 특별한 중요도 값을 동일하게 부여해야만 한다.
- 중요도 값은 아이템들을 정렬하는 용도로만 사용된다. 만약 아이템 A의 중요도가 20이고 아이템 B의 중요도가 100이라면, 이것은 단지 B가 A보다 더 중요하다는 것을 의미할 뿐 B가 A보다 5배 더 중요하다는 것을 나타내지 않는다. 만약 B의 중요도가 21이라고 해도 그 의미는 똑같다!
- 중요도 사이에 간격을 두는 것이 좋다. 아이템 C가 A보다는 더 중요하고, B보다는 덜 중요한 상황이 있을 수 있다. 이런 아이템 C의 중요도를 20.5로 매길 수도 있겠지만 보기에 좋지 않아서 간격을 두는 것이다.
- 제품 책임자는 각 스토리를 **이해하고 있어야** 한다(대개 그 자신이 작성하지만, 경우에 따라 다른 사람이 요청을 추가하고 이에 대한 우선순위를 매기기도 한다). 구현하는 데 무엇이 필요한지를 정확히 알 필요는 없지만, 왜 그 스토리가 거기에 있어야 하는지는 알고 있어야 한다.

주의 : 제품 책임자 외에 다른 사람이 제품 백로그에 스토리를 추가할 수도 있지만, 그 사람이 중요도를 부여할 수는 없다. 그것은 제품 책임자의 고유 권한이다. 개발 시간 추정도 할 수 없는데 그것은 팀의 고유 권한이기 때문이다.

우리가 시도했거나 평가했던 다른 접근들:
- 제품 백로그 용으로 Jira를 사용했었는데, 우리의 대다수 제품 책임자들은 시스템이 너무 많은 클릭을 필요로 한다고 불평했다. 하지만 마이크

로소프트 엑셀은 직접적인 조작이 용이하다. 색깔도 쉽게 표현할 수 있고, 필요에 따라 컬럼을 추가할 수도 있으며, 메모도 달 수 있을 뿐만 아니라 데이터를 가져오거나 내보내는 작업 등도 쉽게 할 수 있다.

- VersionOne, ScrumWorks, XPlanner 등과 같은 애자일 프로세스 지원 도구들을 사용해 보는 것이다. 아직 테스트해 보지는 않았지만 곧 적용해 볼 것이다.

Scrum and XP from the Trenches

4

스프린트 계획 수립하기

스프린트 계획회의는 중요한 회의다. (내 주관적 의견으로는) 스크럼에서 가장 중요한 이벤트일 것이다. 잘못 진행된 스프린트 계획회의는 스프린트 전체를 망쳐 놓을 수 있다.

스프린트 계획회의의 목적은 몇 주 동안 방해 받지 않으면서 평화롭게 일할 수 있도록 팀에게 충분한 정보를 주고, 팀원들이 그렇게 할 수 있도록 제품 책임자에게 충분한 신뢰를 주는 데 있다.

맞는 말이긴 하지만 애매모호하다. 분명한 것은 스프린트 계획회의에서 다음과 같은 구체적인 산출물이 나와야 한다는 것이다.

- 하나의 스프린트 목표
- 팀원의 목록 (상근이 아닌 경우, 참여 수준을 기술함)
- 스프린트 백로그 (= 해당 스프린트에 포함된 스토리 목록)
- 확정된 스프린트 데모 날짜
- 확정된 일일 스크럼을 위한 시간과 장소

왜 제품 책임자가 참석해야만 하는가?

"여러분, 나는 이미 내가 원하는 목록을 만들었습니다. 나는 여러분의 계획 회의에 참여할 시간이 없습니다." 때때로 제품 책임자는 팀과 함께 하는 스프린트 계획회의에 많은 시간을 쓰는 것을 내켜하지 않는데, 이것은 매우 심각한 문제이다.

전체 팀원과 제품 책임자가 스프린트 계획회의에 함께 참여해야 하는 이유는 모든 스토리가 서로 깊이 연관된 3개의 변수를 갖고 있기 때문이다.

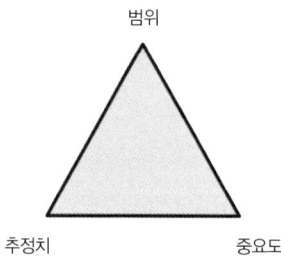

범위와 중요도는 제품 책임자에 의해 결정되고 추정치는 팀에 의해 결정된다. 스프린트 계획회의에서의 이 세 가지 변수는 팀원들과 제품 책임자가 서로 얼굴을 맞대고 하는 대화를 통해서 계속적으로 세밀하게 조정된다.

보통 회의는 제품 책임자가 스프린트 목표와 중요한 스토리를 요약하는 것부터 시작한다. 그리고 나서 팀은 가장 중요한 스토리를 검토하고 시간을 추정한다. 이렇게 진행하다 보면 스토리의 범위에 대한 중요한 질문을 접하게 된다. "'사용자 삭제'라는 스토리는 그 사용자가 진행중인 거래를 모두 검토하고 이를 취소하는 것까지 포함하나요?" 경우에 따라서, 이 질문에 대한 답은 추정을 신속히 변경할 정도로 팀을 놀라게 하기도 한다.

어떤 경우에는 스토리에 대한 시간 추정이 제품 책임자가 생각한 것과 차이가 날 수도 있다. 이 때, 제품 책임자는 스토리의 중요도를 수정하거나 스토리의 범위를 변경할 수 있는데, 이 경우 팀은 추정을 다시 해야 한다.

이런 종류의 직접적인 협력(collaboration)은 스크럼의 핵심 요소이며, 사실상 모든 애자일 소프트웨어 개발의 핵심 요소이다.

제품 책임자가 여전히 스프린트 계획회의에 참석할 시간이 없다고 고집을 피우는 경우는 어떻게 해야 할까? 나는 보통 아래의 전략 중 하나를 주어진 순서에 따라 시도한다.

- 제품 책임자가 직접 참석하는 게 왜 중요한지를 이해시키고 그의 마음이 변화되길 희망한다.
- 제품 책임자의 대리인 역할을 할 사람을 팀에서 선출하여 회의를 진행하게 한다. 그리고 제품 책임자에게 다음과 같이 말한다. "당신이 회의에 참석하지 못하므로, 제프가 당신을 대신하여 제품 책임자의 역할을 하겠습니다. 그는 당신을 대신하여 스토리의 범위와 우선순위를 바꿀 수 있는 전권을 가질 것입니다. 나는 당신이 회의 전에 제프와 충분히 의견을 조율하시길 권장합니다. 만약 대리인으로 제프가 맘에 들지 않으시면, 이 회의에 처음부터 끝까지 참석할 수 있는 다른 사람을 추천해 주십시오."
- 새로운 제품 책임자를 선임하는 것이 필수 요소임을 경영자에게 확신시킨다.
- 제품 책임자가 회의에 참석할 때까지 스프린트 시작을 미룬다. 동시에 당분간은 어떤 것도 전달(delivery)하지 않겠다고 거부한다. 그들이 어떻게 느끼든지 시간을 허비하여 그 회의가 얼마나 중요한 것인지에 대해 알게 한다.

왜 품질은 협상의 대상이 아닌가?

앞의 삼각형에서 나는 의도적으로 네 번째 변수라 할 수 있는 **품질**을 포함시키지 않았다.

우선 **내적 품질**과 **외적 품질**을 구분해보려고 한다.

- **외적 품질**은 시스템을 사용하는 사람들이 인식하는 품질이다. 느리고 직관적이지 않은 사용자 인터페이스는 낮은 외적 품질의 예라고 할 수 있다.
- **내적 품질**은 대개 사용자들에게는 직접 드러나지 않지만 시스템을 유지보수하는 데 지대한 영향을 미칠 수 있는 것을 지칭한다. 시스템 설계의 일관성, 테스트 커버리지, 코드의 가독성, 리팩터링 같은 것과 관련이 있다.

일반적으로 내적 품질이 높은 시스템이라 하더라도 외적 품질이 낮을 수 있다. 하지만 내적 품질이 낮은 시스템에서 높은 외적 품질을 기대하기란 힘들다. 부실한 기초 위에 멋진 건물을 짓기란 어려운 법이다.

나는 외적 품질을 범위(scope)의 한 부분이라고 본다. 예를 들자면, 우선은 다소 불편하면서 느린 사용자 인터페이스라 하더라도 시스템을 출시한 다음 나중에 깔끔한 버전을 출시하는 것이, 경우에 따라서는 비즈니스 관점에서 보았을 때 전혀 문제가 없는 결정일 수 있기 때문이다. 나는 이와 같은 트레이드오프를 제품 책임자에게 맡겨둔다. 범위를 결정하는 것이 바로 그의 책임이기 때문이다.

반면, 내적 품질은 논의의 대상이 될 수 없다. 어떠한 상황에서도 시스템의 품질을 유지하는 것이야말로 팀이 책임져야 할 사항이며, 이것은 두말할 필요 없이 그냥 협상의 대상이 아니다. 절대로. (너무 심한가? 좋다, '**웬만해서는** 아니다'라고 하자.)

자, 그럼 어떤 것이 내적 품질에 관한 문제인지 혹은 외적 품질에 관한 문제인지 어떻게 구분할 수 있을까?

제품 책임자가 이렇게 말한다 치자. "여러분, 좋습니다. 저는 여러분이 스토리 점수를 6점이라고 추정한 것을 존중합니다. 하지만, 제 생각에는 여러분이 마음만 먹는다면 분명히 절반의 시간을 쓰면서 임시방편이라도 해결책을 내놓을 수 있을 것 같은데요."

아하! 지금 제품 책임자는 내적 품질을 변수로 사용할 생각이다. 내가 그걸 어떻게 알았을까? 그는 지금 범위를 줄이는 '비용을 치를' 의사는 없으면서, 우리에게는 스토리의 추정치를 낮춰 잡으라고 얘기하고 있기 때문이다. '임시방편'이라는 말을 들으면 여러분 머리 속에는 경고 장치가 울려야 한다.

그럼 우리가 이것을 허락하지 않는 이유는 무얼까?

개인적인 경험에 비추어봤을 때, 내적 품질을 희생하는 것은 거의 언제나 최악의 발상이었다. 시간을 잠시 버는 것은 단기적, 장기적으로 발생하게 되는 비용에 비하면 보잘것 없는 것이다. 코드 베이스가 오염되는 걸 허락하게 되면 나중에 품질을 되돌려 놓기란 매우 어렵다.

대신에 나는 범위 쪽으로 논의를 전개시킨다. "이 기능을 일찍 마무리하는 것이 중요하다고 하니, 좀더 빠르게 구현할 수 있도록 범위를 줄이면 어떨까요? 오류 처리를 단순화하고, '고급 오류 처리'라는 별개의 스토리를 만들어 나중에 구현하도록 할 수 있겠군요. 혹은 이 스토리 구현에 집중할 수 있도록 다른 스토리의 우선순위를 낮추는 것은 어떤가요?"

제품 책임자가 내적 품질은 협상의 대상이 아니라는 점을 이해하고 나면, 보통은 그 대신에 다른 변수들을 조작하는 데 능숙해진다.

질질 늘어지는 스프린트 계획회의

스프린트 계획회의에서 가장 어려운 부분은:

1) 사람들은 이 회의가 오래 걸리지 않을 것이라 생각하지만
2) ... 사실은 오래 걸린다는 것이다!

스크럼에서 모든 것들은 타임박스(timebox)를 가진다. 나는 단순하고 일관된 이 한 가지 규칙을 사랑한다. 우리는 이 규칙을 준수하려고 노력한다.

그렇다면, 타임박스로 제한된 스프린트 계획회의가 끝나가고 있는데, 스프린트 목표와 스프린트 백로그가 완성될 기미가 안 보인다면 어떻게 해야 할까? 시간에 맞춰 끊어야 할까? 한 시간 연장? 아니면 지금 회의를 마치고 다음날 계속?

이런 일은 특히 신규 팀에서 반복적으로 발생한다. 이런 경우 여러분은 어떻게 하는가? 물론 나는 여러분이 어떻게 하는지 잘 모른다. 우리는 어떻게 하느냐고? 음... 나는 그냥 무자비하게 끝내 버린다. 끝내고, 스프린트가 고전하게 한다. 더 정확히 말하자면 나는 팀과 제품 책임자에게 "회의는 10분 뒤에 끝납니다. 아직 스프린트 계획을 많이 세우지 못했습니다. 그냥 이걸로 진행할까요? 아니면 내일 아침 8시부터 4시간짜리 회의를 다시 진행할까요?" 그들이 무엇을 선택할지 짐작이 될 것이다.

나는 회의를 질질 늘어지게도 해 보았다. 이 경우 사람들이 지치기 때문에 대개 아무것도 마무리되지 않는다. 만약 2~8 시간 내에(또는 더 긴 타임박스라 하더라도) 적절한 스프린트 계획을 만들어내지 못한다면, 한 시간을 더 준다고 해도 마찬가지일 것이다. 다음 날 새로 회의를 하기로 결정하는 두 번째 옵션에는 사실 문제가 없다. 사람들이 성급해서 또 다시 몇 시간을 계획하느라 허비하기보다는 그냥 스프린트를 시작하기 원하는 경우를 제외한다면 말이다.

그래서 나는 그냥 끝내 버린다. 물론, 스프린트가 고전하게 될 것이다. 하

지만 이를 통해 팀은 매우 소중한 교훈을 얻게 될 것이고, 다음 번 스프린트 계획은 훨씬 더 효율적으로 진행될 것이다. 또한 여러분이 제시하는 회의 시간이 그들에게 예전에는 길게 느껴졌을 정도라 하더라도 저항이 줄어들 것이다. 여러분은 타임박스의 길이를 현실적으로 정하는 방법을 익히고 그 타임박스를 고수해야 한다. 이것은 회의의 길이(시간)와 스프린트의 길이에 모두 적용된다.

스프린트 계획회의 시간표

어떠한 형태가 되었건 스프린트 계획회의의 시간표를 사전에 짜 놓으면 타임박스를 지키지 못하게 되는 리스크를 줄일 수 있다.

우리가 따르는 시간표는 대개 다음과 같다.

스프린트 계획회의 : 13:00 - 17:00 (한 시간마다 10분 휴식)
- **13:00 - 13:30.** 제품 책임자가 스프린트 목표를 검토하고 제품 백로그를 요약한다. 데모 장소와 날짜, 시간을 결정한다.
- **13:30 - 15:00.** 팀이 시간을 추정하고, 필요에 따라 항목을 세분화한다. 제품 책임자가 중요도를 업데이트한다. 항목들을 명확하게 정리한다. 중요도가 높은 모든 항목들에 대해서는 '데모 방법'을 기입한다.
- **15:00 - 16:00.** 팀이 스프린트에 포함시킬 스토리를 선정한다. 속도를 계산하여 실현 가능성을 검토한다.
- **16:00 - 17:00.** 일일 스크럼 회의의 시간과 장소를 정한다(지난 번 스프린트와 다를 경우). 스토리를 다시 작업 단위들로 세분화한다.

이러한 시간표가 철저하게 지켜져야 하는 것은 아니다. 회의 진행 중에 스크럼 마스터가 하부 타임박스를 늘리거나 줄일 수 있다.

스프린트 길이 결정하기

스프린트 계획회의의 결과물 중 하나로 스프린트 데모 날짜가 결정되는데, 그러기 위해서는 스프린트의 길이가 결정되어야 한다.

그렇다면 적절한 스프린트 길이란 얼마일까?

음, 스프린트는 짧은 것이 좋다. 짧은 스프린트는 회사를 '기민하게', 다시 말해서 자주 방향을 수정할 수 있게 해준다. 짧은 스프린트 = 짧은 피드백 주기 = 더 잦은 출시 = 더 잦은 고객 피드백 = 잘못된 방향에 따른 시간 낭비 감소 = 학습 및 개선 가속화 등.

그러나, 한편 긴 스프린트도 좋은 면이 있다. 팀은 추진력을 얻기 위한 충분한 시간을 갖게 되고, 발생하는 문제들을 해결하면서도 스프린트 목표를 달성할 수 있는 충분한 여력을 갖게 되며, 스프린트 계획회의나 데모에 대한 부담이 줄어들게 되는 것 등이다.

일반적으로 제품 책임자는 짧은 스프린트를 선호하고, 개발자는 긴 스프린트를 선호한다. 따라서 스프린트 길이는 절충되어야 한다. 우리는 여러 번의 실험을 통해 우리에게 가장 적절한 길이를 찾아냈는데 그것은 3주다. 전부는 아니지만 우리 팀들 중 대부분은 3주 스프린트를 실시한다. 3주는 회사에 필요한 기민함을 제공할 만큼 짧으면서, 팀이 몰입할 수 있고 스프린트 중에 발생하는 문제에 대응하는 데 충분한 시간이다.

우리가 내린 결론은 일단 스프린트 길이를 가지고서 **직접** 실험을 해보라는 것이다. **분석**에 너무 시간을 보내지 마라. 우선 괜찮은 길이를 하나 고르고 나서 한두 번의 스프린트를 돌려보라. 그리고 나서 길이를 수정하면 된다.

그러나, 일단 마음에 드는 길이를 결정했으면 일정 기간은 이를 고수해야 한다. 우리는 몇 달 간의 실험을 통해 3주가 좋다고 결론지었다. 그래서 우리는 3주 스프린트를 실시한다. 가끔 이것이 약간 길기도 하고 짧기도 하다. 그러나 이것을 일정하게 유지하면, 이 주기는 모든 사람이 편안하게 적응하는 심장 박동같이 된다. 릴리스 날짜를 두고 논쟁을 벌이는 일도 없어진다. 왜냐하면, 모든 사람이 3주마다 릴리스가 있음을 알기 때문이다.

스프린트 목표 결정하기

거의 매번 벌어지는 상황이 있다. 스프린트 계획회의가 진행되는 중에 내가 불쑥 물어본다. "그런데 이번 스프린트의 목표가 뭔가요?" 그러면 다들 멍하니 나를 쳐다보기만 하고, 제품 책임자는 이마에 주름을 짓고 턱을 긁적인다.

이러저러한 이유들로 인해 스프린트 목표를 세우기란 **어려운** 일이다. 그럼에도 내가 깨달은 것은 억지로라도 목표를 세워놓는 것이 정말 그만한 값어치를 한다는 것이다. 엉터리 반쪽짜리 목표라도 아예 없는 것보다는 낫다. '돈을 더 많이 번다' 혹은 '제일 중요한 스토리 세 개를 완료한다' 혹은 'CEO를 감동시킨다' 혹은 '베타 테스트 그룹에 배치할 수 있을 정도의 시스템을 만든다' 혹은 '기본적인 백 오피스 지원 기능을 추가한다' 와 같이 어떤 것이라도 목표가 될 수 있다. 중요한 것은 목표를 기술적인 용어가 아닌 비즈니스적인 말로 나타내야 한다는 것이다. 이것은 팀 바깥의 사람들이 이해할 수 있는 말로 표현되어야 한다는 의미이다.

스프린트 목표는 "우리가 **왜** 이 스프린트를 진행하는가? 우리 모두 그냥 휴가를 떠나는 대신 여기 남아 스프린트를 진행하는 이유가 무엇인가?"라는 근본적인 질문에 답을 줄 수 있어야 한다. 사실 제품 책임자에게서 스프린트 목표를 끄집어내기 위해서 이 질문을 있는 그대로 물어보는 것도 한 방법이다.

목표는 아직까지 달성하지 못한 것이어야 한다. 'CEO를 감동시킨다'라는 것은 좋은 목표가 될 수 있지만, 현재의 시스템으로 이미 감동 받았다면 이야기는 달라진다. 이런 경우라면 다같이 집에 가서 쉬더라도 스프린트 목표가 달성될 것이다.

스프린트 계획회의 중에는 스프린트 목표가 우스꽝스럽고 억지스럽다고 느껴질 수도 있다. 하지만 스프린트 목표는 스프린트 중반에, 즉 사람들이 무엇을 해야 하는지 혼란스러워하기 시작하는 순간에 그 진가를 드러내는 경우가 많다. 여러분도 (우리가 그런 것처럼) 서로 다른 제품들을 개발하는 여러 스크럼 팀이 있다면, 위키 페이지 하나에 (혹은 다른 어디라도) 모든 팀들의 스프린트 목표를 열거하여 눈에 띄는 공간에 게시해 두는 것이 매우 유용할 것이다. (최고 경영진뿐만 아니라) 회사 내의 모든 이들이 지금 회사가 무엇을 하고 있는지 그리고 왜 하고 있는지를 알 수 있게 말이다.

스프린트에 구현할 스토리 고르기

스프린트 계획회의의 주요 활동 중 하나는 해당 스프린트에 어떤 스토리를 포함시킬지를 결정하는 것이다. 더 구체적으로 말하자면, 제품 백로그에서 어떤 스토리를 복사해서 스프린트 백로그에 붙여 넣을 것인가를 결정하는 것이다.

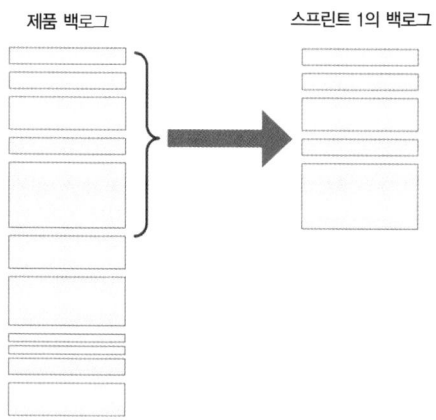

위 그림을 보자. 각각의 네모 상자는 중요도에 따라 정렬된 스토리다. 가장 중요한 스토리가 목록의 맨 위에 있다. 각 네모 상자의 크기는 스토리의 크기, 즉 스토리 점수로 표현되는 시간 추정치다. 괄호 친 부분의 길이는 팀의

추정 속도, 다시 말해서 다음 스프린트에서 완료할 수 있을 것으로 생각되는 스토리 점수를 의미한다.

그림의 오른쪽에 있는 스프린트 백로그는 제품 백로그에서 스토리를 꺼내어 그대로 옮겨 놓은 것이다. 이것은 팀이 이번 스프린트에 완료하기로 결정한 스토리의 목록을 의미한다.

이번 스프린트에 얼마나 많은 스토리를 포함할지는 **팀**이 결정하는 것이다. 이것은 제품 책임자뿐만 아니라 다른 그 누구의 몫도 아니다.

여기서 두 가지 의문점이 떠오른다.

1. 팀은 스프린트에 포함시킬 스토리를 어떻게 결정하는가?
2. 제품 책임자가 팀의 결정에 영향을 미치려면 어떻게 해야 하는가?

두 번째 질문부터 살펴보자.

제품 책임자가 스프린트에 포함시킬 스토리 결정에 어떻게 영향을 미치는가?

스프린트 계획회의 중에 다음과 같은 상황이 발생되었다고 가정해 보자.

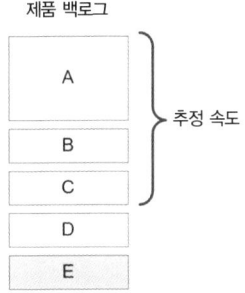

스토리 D가 스프린트에 포함되지 않을 것 같아서 제품 책임자는 기분이 나쁘다. 스프린트 계획회의에서 그가 할 수 있는 행동에는 어떤 것들이 있을까?

중요도에 따른 순서를 재조정하는 것이 한 방법이다. 만약 그가 D 항목의 중요도를 가장 높게 매긴다면 팀은 그 항목을 첫 번째로 선택할 수밖에 없을 것이다. (이 경우에는 스토리 C가 밀려나게 된다.)

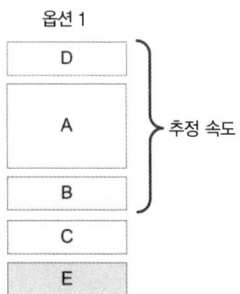

두 번째 방법은 범위를 변경하는 것이다. 팀이 보기에 스토리 D도 스프린트에 포함시킬 수 있겠다 싶을 때까지 스토리 A의 범위를 줄이는 방법이다.

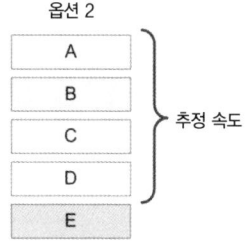

세 번째 방법은 스토리를 둘로 나누는 것이다. 제품 책임자는 스토리 A의 어떤 부분은 중요하지 않다고 판단할 수 있으며, 이에 따라 중요도가 높은 것을 A1으로 하고 낮은 것을 A2로 하여 두 개의 다른 스토리로 나눌 수 있다.

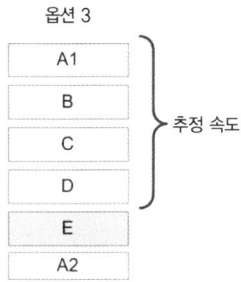

여러분이 보다시피, 제품 책임자가 속도 추정을 간섭할 수 없는 것이 일반적이지만, 그럼에도 어떤 스토리를 스프린트에 넣을지 뺄지에 영향력을 행사할 수 있는 방법은 많이 있다.

팀은 스프린트에 포함시킬 스토리를 어떻게 결정하는가?

우리는 두 가지 기법을 사용한다.

1. 직감
2. 속도 계산

직감으로 추정하기

스크럼 마스터 : 자, 여러분. 스토리 A를 이번 스프린트에 끝마칠 수 있을까요? (제품 백로그에서 가장 중요한 항목을 가리킨다.)

리사 : 그럼요, 당연히 할 수 있어요. 3주가 있으니 그 기능은 별 것 아니에요.

스크럼 마스터 : 좋아요. 그럼 스토리 B도 넣으면 어떤가요? (두 번째 중요한 항목을 가리킨다.)

톰과 리사 : (한 목소리로) 역시 아무런 문제 없어요.

스크럼 마스터 : 좋아요. 이제 스토리 A, B, C를 모두 넣는다면 어떤가요?

샘 : (제품 책임자에게) 스토리 C가 고급 오류 처리까지 포함하고 있나요?

제품 책임자 : 아니요. 지금은 그냥 넘어가고 기본적인 오류 처리만 구현해

도 됩니다.

샘 : 그렇다고 하면 C까지 넣어도 괜찮습니다.

스크럼 마스터 : 좋아요. 만약 스토리 D를 추가한다면요?

리사 : 음...

톰 : 제 생각에는 할 수 있을 것 같은데요.

스크럼 마스터 : 얼마나 확신하나요, 90%? 50%?

리사와 톰 : 90% 정도는 될 거에요.

스크럼 마스터 : 좋습니다. 그럼 D도 포함시키도록 하죠. 이제 스토리 E를 넣어도 될까요?

샘 : 아마도.

스크럼 마스터 : 90%? 50%?

샘 : 50%에 가깝다고 말해야겠군요.

리사 : 저는 의심스러운데요.

스크럼 마스터 : 좋아요, 이건 남겨놓기로 합시다. 그럼 우리는 A, B, C, D를 해내야 합니다. 물론 할 수 있다면 E까지 끝내겠지만, 아무도 장담할 수 없는 노릇이니 스프린트 계획에서는 빼겠습니다. 어떠세요?

전원 : 좋습니다!

직감은 작은 팀과 짧은 스프린트에 있어서는 꽤 효과가 좋다.

속도 계산으로 추정하기

이 방법은 두 단계로 진행된다.

1. **추정 속도**를 정한다.
2. 추정 속도 내에서 스토리를 얼마나 추가할 수 있는지 계산한다.

속도는 '완료한 작업의 양'에 대한 측정 값이다. 여기서 작업 항목들에는 초기 추정치에 가중치가 부여된다.

아래 그림에는 스프린트를 시작할 때의 **추정 속도**와 그 스프린트가 끝날 때의 **실제 속도**의 예가 나와 있다. 각 사각형은 스토리를 의미하고, 사각형 안에 적힌 숫자는 그 스토리의 초기 추정치를 의미한다.

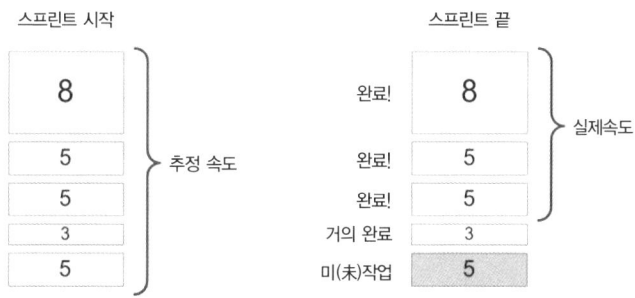

실제 속도는 각 스토리의 **초기** 추정치를 기준으로 계산되었음에 유의하자. 스프린트가 진행되는 동안에 스토리의 시간 추정치를 몇 번 갱신했더라도 그것들은 무시한다.

여러분이 이의를 제기하는 소리가 벌써 들린다. "이렇게 하는 것이 얼마나 유용한가요? 멍청한(?) 프로그래머, 부정확한 초기 추정치, 범위 변경, 스프린트 중에 발생하는 계획에도 없던 방해물 등! 온갖 요인들에 따라 속도가 달라질 수 있다구요!"

나도 동의한다. 정말 허술한 숫자다. 하지만 그렇다고 해도 이 숫자는 유용하다. 특히나 아무것도 없는 것과 비교한다면 더욱 그러하다. 이 숫자는 여러분에게 엄연한 사실을 제공한다. '이런저런 이유가 있더라도, 애초에 우리가 완료할 수 있으리라 생각했던 것과 실제로 완료한 것에는 얼마간의 차이가 있다'라는 사실 말이다.

스프린트 중에 **거의** 완료한 스토리는 어떻게 해야 하는가? 왜 실제 속도에

부분 점수를 더하지 않는가? 이 점은 스크럼이 정말 완전히 출시 가능한 형태로 완료한 것만 인정한다는 사실을 강조하는 것이다. (사실 이 점은 애자일 소프트웨어 개발이나 린 제조방식에서도 일반적이다.) 절반만 완료한 것이 갖는 가치는 제로(0)다. (사실 음수일지도 모른다.) 이 점이 더 궁금하다면 도널드 라이너츤(Donald Reinertsen)의 책 『Managing the Design Factory』나 포펜딕(Poppendieck)의 책 『Lean Software development』[1] 중 하나를 골라 읽어보기 바란다.

도대체 우리는 무슨 신비한 마법으로 속도를 추정하는 걸까?

속도를 추정하는 아주 간단한 방법은 팀의 이력을 보는 것이다. 지난 몇 번의 스프린트에서 팀의 속도는 얼마였는가? 그렇다면 다음 스프린트에서도 속도는 얼추 같다고 가정할 수 있다.

이 방법은 **어제의 날씨**라고 알려진 방법이다. 이 방법이 유효한 경우는, 이미 몇 번의 스프린트를 실행했고(그래서 통계치를 얻을 수 있다), 다음 스프린트도 팀 규모나 작업 조건 등이 거의 변함없이 진행될 예정인 팀에 한해서다. 물론 항상 상황이 이와 같지는 않다.

더 세련된 방법은 투입 자원을 계산하는 것이다. 우리가 지금 4명으로 구성된 팀과 3주 스프린트(15일 작업)를 계획하고 있다고 치자. 리사는 휴가로 이틀 빠질 것이고, 데이브는 50% 정도의 시간만 투입하고, 거기에 휴가를 하루 쓸 계획이다. 이를 합산해보면...

```
              작업 가능한 날
톰       15
리사     13
샘       15
데이브    7
         ─────────
         50 맨-데이 가능
```

---

[1] (옮긴이) 번역서는 인사이트에서 발간한 『린 스프트웨어 개발』이다(2007).

이번 스프린트에서 50 맨-데이가 가능하다.

이것이 우리의 추정 속도인가? 아니다! 이유는 우리가 추정한 단위가 **스토리 점수**, 즉 우리 같은 경우에는 '이상적인 맨-데이'에 해당하는 값이기 때문이다. 이상적인 맨-데이는 온전히 작업에만 매달릴 수 있는, 전혀 방해가 없는 날을 말한다. 이런 날은 드물다. 더군다나 우리는 스프린트에 계획하지 못했던 일이 더해지거나, 사람들이 아프다거나 하는 등의 일을 고려해야만 한다.

따라서 우리의 추정 속도가 50보다 작을 것은 명백하다. 그렇다면 얼마나 작을까? 이 차이를 설명하기 위해 우리는 '집중도(focus factor)'라는 값을 곱한다.

이번 스프린트의 추정 속도:

(가능한 맨-데이) x (집중도) = (추정 속도)

집중도는 팀이 얼마나 집중할 수 있는지를 추정한 값이다. 집중도가 낮다는 것은 팀에 방해가 많을 것으로 예상되거나, 시간 추정치를 낙관적으로 예측했다는 것을 의미한다.

합리적인 집중도를 결정하는 최선의 방법은 가장 최근의 스프린트를 보는 것이다. (혹은 지난 몇 번의 스프린트에서 평균을 취한다면 더욱 좋다.)

최근 스프린트의 집중도:

$$(집중도) = \frac{(실제\ 속도)}{(가능한\ 맨-데이)}$$

실제 속도는 지난 스프린트에서 완료된 스토리의 초기 추정치를 모두 더한 값이다.

톰, 리사, 샘, 이렇게 3명으로 구성된 팀이 최근 스프린트에서 3주간 총 45 맨-데이를 일해서 18 스토리 점수를 완료했다고 하자. 이제 다음 스프린트를 위한 추정 속도를 계산하려고 한다. 상황이 더 복잡하게도, 다음 스프린트에는 데이브가 새로 합류하기로 되어 있다. 휴가 일정 등을 고려했을 때 다음 스프린트에는 50 맨-데이가 가능하다.

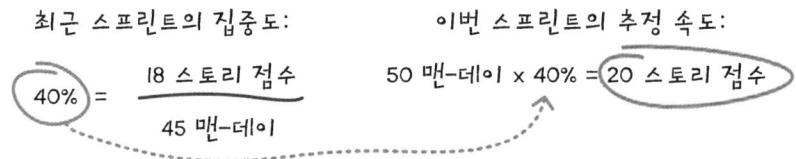

이렇게 하여 다음 스프린트에서 우리의 추정 속도는 20 스토리 점수이다. 즉, 팀은 다음 스프린트에 20점이 될 때까지 스토리들을 더해야 한다는 의미이다.

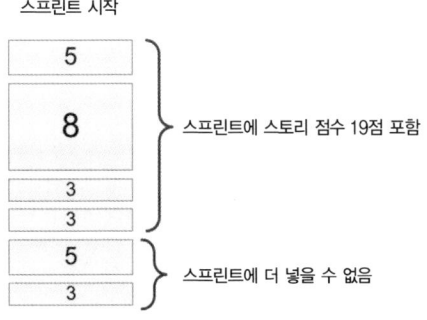

이와 같은 경우에 팀이 취할 수 있는 방법은 스토리 중에서 상위 4개를 취해서 19점으로 만들거나 상위 5개를 취해서 24점으로 만드는 것이다. 그럼 여기서 4개를 골랐다고 하자. 20점에 가장 가까운 점수이기 때문이다. 미심쩍을 때는 스토리를 적게 선택하라.

스토리 4개의 합계가 19점이므로 이번 스프린트에 대한 그들의 최종 추정 속도는 19이다.

'어제의 날씨'는 쉬운 방법이지만 상식에 맞게 사용해야 한다. 지난 스프린트에서 팀원들이 대부분 몸이 아파 상황이 유별나게 나빴다면, 또 그런 상황에 처할 만큼 운이 없지는 않을 것이라고 가정한들 하등의 문제는 없을 것이고, 다음 스프린트의 집중도를 더 큰 값으로 추정해도 좋을 것이다. 최근에 굉장히 빠른 빌드 시스템을 구축한 경우에도 집중도를 증가시킬 수 있을 것이다. 그러나 새로운 멤버가 이번 스프린트에 합류하는 경우에는 그를 교육해야 하므로 집중도를 낮추어야 할 것이다, 등등.

- 더 신뢰할 만한 추정치를 얻기 위해서는 불가능한 경우를 빼고는 반드시 여러 번의 스프린트를 돌아보고 수치들의 평균을 이용하라.
- 팀이 완전히 새로 시작하는 경우라서 과거의 평균값과 같은 통계 데이터를 전혀 얻을 수 없는 경우에는 어떻게 할까? 비슷한 상황을 가진 다른 팀들의 집중도를 참고하라.
- 참고할 만한 다른 팀이 없다면 어떻게 할까? 집중도를 적당히 찍어라.

다행인 것은 이렇게 대충 찍은 값이 첫 스프린트에만 적용될 뿐이라는 것이다. 두 번째 스프린트부터는 과거의 데이터를 활용할 수 있고, 측정을 계속하여 집중도와 추정 속도를 향상 시킬 수 있다.

새로운 팀에 대해 내가 적용하는 기본 집중도는 보통 70%다. 왜냐하면 이 값이 바로 내가 겪은 대부분의 팀들이 오랜 기간을 거치면서 얻은 값이기 때문이다.

우리는 이 중에 어떤 추정 기법을 사용할까?

나는 앞에서 여러 기법들을 이야기했다. 그것은 직감을 이용하는 방법, 어제의 날씨를 이용한 속도 계산 방법, 가능한 맨-데이와 집중도 추정을 통한 속도 계산 방법이다.

그렇다면 우리는 어떤 기법을 사용할까?

우리는 보통 어느 정도까지는 이 방법들을 전부 동원한다. 그렇게 많은 시간은 걸리지 않는다.

우리는 최근 스프린트의 집중도와 실제 속도를 살펴본다. 이번 스프린트에 자원이 얼마나 가능한지 살펴보고 집중도를 추정한다. 이렇게 구한 두 개의 집중도 사이에 차이가 있으면 그것에 대해 토의하고, 필요하면 값을 조정한다.

나는 스프린트에 포함시킬 스토리의 초기 목록이 얻어지면 바로 '직감' 확인 작업에 들어간다. 팀에게 숫자 같은 것은 잠시 잊고 이번 스프린트에서 정말 해 낼 수 있다는 **느낌**이 드는지를 물어본다. 너무 많다고 느껴진다면 우리는 스토리를 한두 개 제거한다. 반대의 경우라면 더 추가한다.

이날의 최종 목적은 단지 이번 스프린트에 포함시킬 스토리를 결정하는 것이다. 집중도니 가능한 자원이니 추정 속도니 하는 것들은 이 목적을 이루기 위한 수단에 지나지 않는다.

우리가 인덱스 카드를 사용하는 이유

스프린트 계획회의의 대부분은 제품 백로그에 있는 스토리를 가지고 진행한다. 스토리의 크기를 추정하고, 우선순위를 변경하고, 명확하게 만들고, 더 작게 나누고, 등등.

실제로 이것들을 어떤 식으로 할까?

음, 기본적으로는 이렇다. 팀이 프로젝터를 이용해 엑셀로 만들어진 백로그를 보면서, 그 중 한 명이(대부분 제품 책임자나 스크럼 마스터) 키보드를 가진

채 스토리를 하나씩 읽으면서 토의를 이끌어간다. 팀과 제품 책임자가 우선순위와 세부 사항을 논의하는 와중에 키보드를 가진 사람은 엑셀에서 바로 스토리를 수정한다.

괜찮게 들리는가? 그렇지 않다. 대개는 부질없는 짓이다. 그리고 더 안 좋은 것은 회의가 끝나갈 때까지 이것이 부질없다는 것을 눈치채지 못하고 있다가, 뒤늦게야 아직도 스토리 목록을 다 살펴보지도 못했다는 사실을 깨닫는다는 것이다.

훨씬 잘 통하는 방법은 **인덱스 카드**를 만들어 **벽에 붙이는** 것이다. (혹은 넓은 테이블도 좋다.)

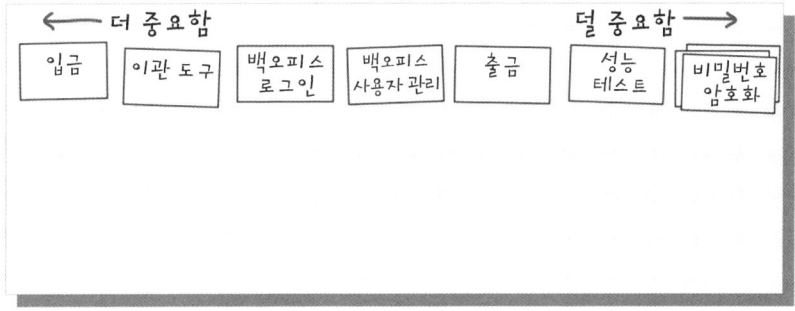

이 방법이 컴퓨터와 프로젝터보다 사용자 인터페이스로서 월등히 낫다. 그 이유는 이렇다.

- 사람들이 서서 걸어 다닌다. 그래서 사람들이 오랫동안 졸지 않고 주의를 기울인다.
- 개개인 모두 더 적극적으로 참여하고 있다고 느낀다. (키보드를 가진 한 사람만 그렇게 느끼는 것과는 달리 말이다.)
- 여러 스토리를 동시에 수정할 수 있다.
- 우선순위를 조정하는 것은 식은 죽 먹기다. 인덱스 카드만 옮기면 된다.

- 회의가 끝나면 팀이 당장 인덱스 카드를 가져다가 팀방의 벽에 만들어진 작업 현황판에 사용할 수 있다. (57쪽의 「스프린트 백로그 만들기」 참고)

여러분은 손으로 직접 써도 되고, (우리가 하듯이) 간단한 스크립트를 사용하여 제품 백로그에서 인쇄 가능한 형태의 인덱스 카드를 자동으로 생성하도록 할 수도 있을 것이다.

```
백로그 아이템 #55
입금
주목
 UML 시퀀스 다이어그램 필요.
 지금은 암호화를 고려하지 않아도 됨.
데모 방법
 로그인, 입금 페이지 열기, 10유로 입금.
 잔액 조회 페이지로 이동, 잔액이 10유로 증가했는지
 확인.

중요도
 30
추정치
```

참고 : 스크립트는 내 블로그(http://blog.crisp.se/henrikkniberg)에서 받을 수 있다.

중요사항 : 스프린트 계획회의가 끝나고 나면 스크럼 마스터는 종이 인덱스 카드에 작업한 내용을 하나 하나 수작업으로 엑셀로 되어 있는 제품 백로그에 반영한다. 이것은 관리 때문에 해야 하는 조금은 귀찮은 작업이긴 하지만, 인덱스 카드를 가지고 진행하는 스프린트 계획회의가 훨씬 더 효율적이라는 점을 감안할 때 이런 정도의 번거로움은 충분히 받아들일 수 있다는 것이 그 동안의 경험을 통해 우리가 내린 결론이다.

'중요도' 항목에 대해 하나 언급할 것이 있다. 인쇄할 때는 엑셀의 제품 백로그에 기록된 중요도가 그대로 인쇄된다. 이렇게 함으로써 중요도에 따라 인덱스 카드를 정렬하기가 수월해진다. (우리는 보통 왼편에 중요도가 높은 것을, 오른편에 낮은 것을 둔다.) 하지만 일단 카드를 벽에 붙이고 나면 인쇄되어 있는 중요도는 무시하고, 벽에 붙어 있는 실제 정렬 순서가 중요도를 나타내는 것으로 보기 바란다. 제품 책임자가 두 개의 위치를 서로 바꾼다고 해서 종이 위의 중요도를 고쳐 쓰느라 시간을 낭비하지는 마라. 대신 회의가 끝난 뒤 엑셀로 된 제품 백로그에 중요도를 갱신하는 것만 확실히 해라.

시간 추정은 스토리를 작업 단위로 나누고 나면 더 쉬워진다. (게다가 더 정확해진다.) 사실 우리는 '작업(task)'이라는 말보다는 '활동(activity)'라는 말을 사용한다. 스웨덴 말로 'task'는 전혀 다른 의미이기 때문이다. 작업으로 나누는 것도 인덱스 카드를 가지고 하는 것이 효과적이고 쉽다. 여러분은 팀을 여러 짝으로 나누고 각각이 스토리를 하나씩 맡아 작업 단위로 나누도록 할 수 있을 것이다. 여럿이 동시에 진행할 수 있다.

실제로는 각 스토리 아래에 작은 포스트잇을 붙이는 식으로 이뤄진다. 포스트잇 하나가 그 스토리에 필요한 작업 하나에 해당한다.

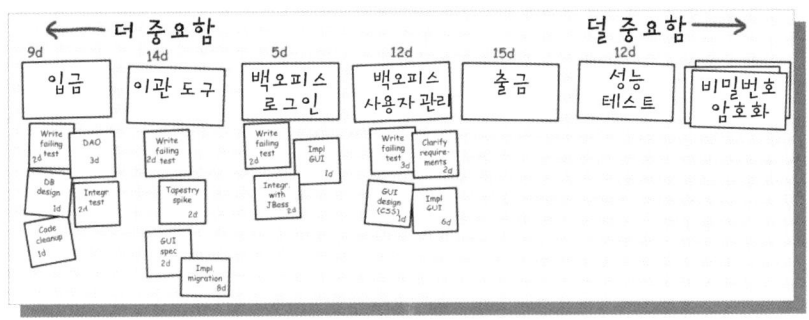

우리는 아래와 같은 두 가지 이유로 작업 나누기의 결과를 제품 백로그 엑셀에 반영하지 않는다.

- 작업 나누기는 대개 일시적인 경향이 강하다. 예를 들어, 분할된 작업들은 스프린트가 진행되는 중에 빈번히 수정되기 때문에 이를 일일이 제품 백로그 엑셀에 반영하여 최신 상태를 유지하기란 너무 번거로운 일이다.
- 제품 책임자가 이 정도 수준의 세부적인 사항에까지 관여할 필요는 없다.

스토리 인덱스 카드에서와 마찬가지로, 작업 분할 포스트잇은 스프린트 백로그에 그대로 재사용 가능하다. (57쪽의 「스프린트 백로그 만들기」 참고)

완료의 정의

제품 책임자와 팀이 '완료(done)'에 대한 명확한 정의에 합의하는 것이 중요하다. 모든 코드가 체크인되면 스토리가 완료된 것인가? 혹은 테스트 환경에 배포되고 통합 테스트 팀에 의해 검증되면 스토리가 완료된 것인가? 가능하다면 우리는 '출시할 준비가 되었음'을 완료 정의로 사용하지만, 종종 '테스트 서버에 배치되고, 인수 테스트에 넣을 준비가 되었음'으로 정의해야 할 때도 있다.

우리는 처음에 완료 정의에 대한 상세한 체크리스트를 만들곤 했다. 요즘은 간단히 스크럼 팀에 있는 테스터가 '완료됐다'고 말해야 스토리가 '완료된다'라고 하는 경우가 많다. 이것은 제품 책임자의 의도를 팀이 제대로 이해했는지 확인하고, 팀이 정의한 '완료'를 통과하기에 충분한지 그 항목을 확인하는 것은 테스터에게 달려있다는 의미다.

우리는 모든 스토리를 동일하게 취급할 수 없다는 것을 깨닫게 되었다. '사용자 질의 양식'이라는 이름의 스토리는 '운영 매뉴얼'이라는 스토리와는 아주 다르게 취급될 것이다. 후자의 경우 '완료'의 정의는 간단히 '운영 팀이 수락'하는 것을 의미할지도 모르겠다. 그렇기 때문에 가끔 상식이 형식적인 체크리스트보다 더 낫다.

(우리가 초기에 그랬듯이) 만약 완료 정의에 대해 자꾸 혼란에 빠져든다면 각 스토리 별로 '완료 정의' 필드를 두는 것이 좋을 것이다.

플래닝 포커를 사용하여 시간 추정하기

추정은 팀 활동이다. 모든 스토리를 추정할 때 대개 팀원 전원이 참여한다. 왜 그럴까?

- 계획하는 단계에서 누가 어떤 스토리의 어느 부분을 구현할지 정확히 알 수 없다.
- 스토리 구현을 위해서는 통상 여러 사람과 다양한 분야(사용자 인터페이스 디자인, 코딩, 테스팅 등)의 전문가가 필요하다.
- 추정치를 제시하기 위해서는 각 팀원이 그 스토리가 어떤 것인지 어느 정도 이해할 필요가 있다. 우리는 각 항목을 추정하기 위해 모두에게 질문을 함으로써, 팀원 전부가 각각의 스토리가 어떤 것인지, 이해하고 있는지 확인한다. 이렇게 하면 스프린트 동안에 팀원들이 서로 도와줄 수 있는 가능성이 높아진다.

- 모든 사람들에게 스토리를 추정하라는 질문을 하면 종종 동일 스토리에 대해 완전히 다른 추정치를 내놓은 두 팀원의 견해차를 발견하게 된다. 그런 종류의 견해차는 일찍 발견하고 토론할수록 좋다.

여러분이 팀에 추정치를 물어보면 대개 그 스토리를 가장 잘 아는 사람이 제일 먼저 무심코 말하는 경향이 있다. 불행히도 그 수치는 다른 사람들의 추정치에 강한 영향을 미치게 된다.

이러한 영향을 차단할 멋진 방법은 없을까? 플래닝 포커(planning poker)라 불리는 방법이 있다.

각 팀원들은 위 사진에서와 같은 13장의 카드 꾸러미를 갖고 있다. 스토리를 추정할 때마다 각 팀원들은 자신이 생각하는 시간 추정치(스토리 점수)를 의미하는 카드를 선택하고, 탁자 위에 숫자가 바닥으로 가도록 하여 엎어 놓는다. 모든 팀원들이 카드를 내려놓으면 동시에 카드를 뒤집는다. 이 방법은 각 팀원이 다른 사람의 추정치에 흔들리지 않고 자신의 생각대로 할 수 있게 한다.

만약 크게 차이 나는 추정치가 있다면, 팀은 견해차에 대해 토론하고 그 스토리를 구현하는 데 어떤 일들이 필요한지 하나의 일치된 그림을 그려낸다. 어쩌면 작업 단위로 쪼개 봐야 할지도 모르겠다. 그리고 나서 다시 추정한다. 이 반복 작업은 시간 추정이 수렴될 때까지(즉, 그 스토리에 대한 모든 추정치가 거의 같은 값이 될 때까지) 되풀이한다.

중요한 점은 팀원들이 해당 스토리에 포함된 전체 일의 양을 추정해야 한다는 것이다. 그 일에서 '자기' 부분만 추정하지 않는다는 이야기다. 테스터가 테스팅하는 일만 추정해서는 안 된다.

일련의 숫자들이 비선형임에 주목하자. 일례로 40과 100 사이에 숫자가 없다. 왜 그럴까?

이것은 큰 규모의 시간 추정에 있어서 정확도에 대한 오해를 피하기 위해서다. 만약 어떤 스토리가 대략 20 스토리 점수로 추정되었다면, 18이나 21이 아니라 왜 20이어야 하는지 논의하는 것은 별 의미가 없다. 우리가 아는 전부는 그 스토리가 크다는 것과 추정하기가 힘들다는 것이다. 즉, 20은 대략적인 추측 값일 뿐이다.

보다 구체적인 추정을 원하는가? 그 스토리를 몇 개의 작은 스토리로 쪼개고, 그 쪼개진 작은 스토리들을 추정하라!

그리고 5와 2를 더해서 억지로 7을 만드는 꼼수는 허용되지 않는다. 반드시 5나 8을 선택해야 한다. 7은 존재하지 않는다.

몇 가지 주목할만한 특수 카드들이 있다.

- 0 = '이 스토리는 이미 완료된 것임' 혹은 '이 스토리는 일도 아니다. 단 몇 분 내에 끝낼 수 있다.'
- ? = '정말 뭔지 모르겠다'
- 커피 컵 = '생각하느라 너무 지쳐버렸다. 커피 한잔 하러 갑시다.'

스토리 명확히 하기

최악의 상황은 스프린트 데모에서 팀이 자랑스럽게 새로운 기능을 데모하는데 제품 책임자가 눈살을 찌푸리고는 이렇게 말하는 것이다. "음, 예쁘긴 한데 말이죠. 그건 제가 **요청했던 것이 아니에요.**"

여러분은 하나의 스토리에 대한 제품 책임자와 팀 간의 이해도가 일치한다는 것을 어떻게 확인하는가? 혹은 개별 팀원들이 각각의 스토리에 대해 똑같이 이해하고 있는지는 어떻게 확인하는가? 확인할 길이 없다. 하지만 늘 발생하는 명백한 오해를 확인하는 데는 몇 가지 간단한 방법이 있다. 그 중에서도 가장 간단한 방법은 각 스토리의 필드를 모두 채웠는지 확인하는 것이다.

예 1:

팀과 제품 책임자가 스프린트 계획에 서로 만족하고 이제 회의를 끝내려고 한다. 스크럼 마스터가 말한다. "잠시만요, 이 '사용자 추가'라는 스토리에는 추정치가 없어요. 추정해 봅시다!" 플래닝 포커를 두어 차례 하고 나서 팀이 스토리 점수 20점에 합의한다. 그러자 제품 책임자가 벌떡 일어나면서 말한다. "뭐~라구요?!"

몇 분 간 열띤 토의를 한 결과 팀이 '사용자 추가'의 범위를 오해했던 것으로 드러난다. 그들은 '사용자 추가/삭제/검색이 가능한 멋진 웹 UI'라고 받아들였지만, 제품 책임자는 단지 'SQL을 사용하여 수작업으로 DB에 사용자를 추가'하는 것을 의미했었다. 그들은 다시 추정하여 5점으로 결정한다.

예 2:

팀과 제품 책임자가 스프린트 계획에 서로 만족하고 이제 회의를 끝내려고 한다. 스크럼 마스터가 말한다. "잠시만요, '사용자 추가'라는 이 스토리는 어떻게 데모해야 하는 거죠?" 몇 마디가 서로 오고가고, 일 분 정도 지나자 누군가가 일어나 말한다. "우선 웹 사이트에 로그인합니다. 그런 다음..." 이때, 제품 책임자가 끼어든다. "웹 사이트에 로그인한다구요? 아니에요. 이 기능은 웹 사이트에 포함되는 기능이 아니고, 그냥 관리자가 사용할 수 있는 간단한 SQL문이면 됩니다."

스토리의 '데모 방법'에 대한 설명은 아주 간결하게 적어도 된다(아니 간결해야만 한다). 그렇게 하지 않으면 여러분은 스프린트 계획회의를 제시간에 마치지 못할 것이다. 기본적으로 데모 방법은 (너무 구체적이지 않은) 평이한 문장을 이용하여 가장 전형적인 테스트 시나리오를 수작업으로 실행하는 것처럼 '이렇게 하고, 저렇게 한 다음 이것을 확인한다'라고 기술하면 된다.

이렇게 간단히 기술하는 것만으로도 스토리의 범위에 대한 중대한 오해가 드러난다는 것을 경험으로 알게 되었다. 이런 오해를 일찍 발견할 수 있다니 좋지 않은가?

스토리를 작은 스토리로 분해하기

스토리는 (추정하기에) 너무 작거나 너무 크면 안 된다. 만약 0.5점짜리 스토리들이 수북이 쌓여있다면, 십중팔구 여러분이 미시적 관리를 받고 있다는 징조다. 반면에 40점짜리 스토리는 결국 **일부만** 완료될 위험이 큰데, 이렇게 되면 회사에 가치를 전혀 제공하지 못하고 관리할 대상만 늘어나게 할 뿐이다. 더욱이 여러분의 추정 속도가 70이고 최상위 스토리 2개의 점수가 각각 40이라면 계획을 세우기가 정말 힘들어진다. 이때는 (하나만 택하여) 일을 적게 하거나 (둘 다 택하여) 일을 과하게 하는 것 중 하나를 선택해야만 한다.

나는 큰 스토리를 여러 개의 작은 스토리로 쪼개는 것이 늘 가능하다는 것을 경험했다. 단지 작게 나눈 스토리들이 여전히 비즈니스 가치를 제공할 수 있는, 출시 가능한 단위인지는 확인하라.

우리는 통상 스토리들을 2~8 맨-데이 크기로 구성하려 한다. 우리의 속도는 전형적인 팀의 속도인 40~60이므로 대략 하나의 스프린트는 10개 정도의 스토리를 갖게 되는데, 가끔은 5개가 될 때도 있고 15개가 되기도 하지만 어쨌든 이 정도가 우리가 다루기에 적당한 정도의 인덱스 카드 개수다.

스토리를 작업 단위로 나누기

잠깐, '작업(task)'과 '스토리(story)'가 어떻게 다른가? 아주 좋은 질문이다.

구분하기는 아주 간단하다. 스토리는 제품 책임자가 관심을 갖는(care about), 전달 가능한(deliverable) 것을 말한다. 작업은 전달할 수 없는 것이나 제품 책임자가 관심을 갖지 않은 것을 말한다.

다음은 스토리를 더 작은 스토리로 나누는 예제다.

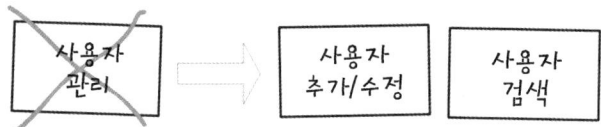

다음은 스토리를 작업으로 나누는 예제다.

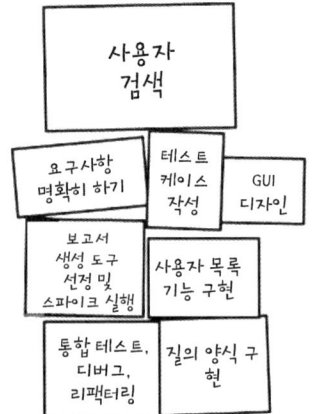

여기에 몇 가지 흥미로운 점이 있다.
- 스크럼을 새로 시작하는 팀들은 이처럼 사전에 스토리를 작업으로 나누느라 시간을 보내는 것을 내켜하지 않는다. 이것이 마치 폭포수 모델과 같은 접근 방법이라고 느낀다.
- 스토리를 명확히 이해하고 있다면 나중에 하는 것만큼이나 사전에 작업 단위로 나누는 것이 용이하다.
- 이런 방식으로 작업 나누기를 진행하다 보면 추가적으로 해야 할 일들이 드러나서 시간 추정치가 늘어나는 경우가 종종 발생한다. 그래서 더 실제에 가까운 스프린트 계획이 된다.
- 사전에 작업 나누기를 하는 방식은 일일 스크럼 회의를 훨씬 더 효과적으로 진행할 수 있게 하는 효과가 있다. (73쪽의 「일일 스크럼 진행하기」 참고)
- 작업 나누기가 정확하지 않고 일이 시작된 뒤에 바뀌게 될지라도 위에서 열거한 장점들은 여전히 유효하다.

그래서 우리는 스프린트 계획회의의 타임 박스를 정할 때 이 과정을 포함시킬 만큼 충분히 길게 잡으려고 노력한다. 하지만 혹시 시간이 모자란다면 이 과정을 누락시킨다. (다음 쪽의 '어디에 선을 그을까' 참고)

참고 : 우리는 TDD(테스트 주도 개발)로 개발한다. 즉 대부분 각 스토리에 대한 첫 번째 작업은 '실패하는 테스트 작성'이며 마지막 작업은 '리팩터링(코드 가독성 향상 및 중복 제거)'이다.

일일 스크럼의 시간과 장소 결정하기

스프린트 계획회의의 결과물 중 자주 빠뜨리는 것이 있는데, 바로 '일일 스크럼의 시간과 장소 결정'이다. 이것 없이는 여러분의 스프린트가 시작부터 순조롭지 못할 것이다. 본질적으로 첫 번째 일일 스크럼은 모든 사람들이 일의 시작을 선언하는 킥오프다.

내가 아침 회의를 선호하기는 하지만, 실제로 우리가 일일 스크럼을 정오나 오후에 하려고 시도해 본 적은 없다.

오후 스크럼의 단점 : 여러분이 아침에 출근하면 오늘 할 일이 무엇인지 어제 사람들에게 얘기한 내용이 무엇인지 기억해내야 한다.

아침 스크럼의 단점 : 여러분이 아침에 출근하면 스크럼에서 말하기 위해 어제 일한 내용이 무엇인지 기억해내야 한다.

첫 번째 단점이 더 나쁘다는 것이 내 생각이다. 가장 중요한 것은 이제 **무엇을 할 것인가**이지 **무엇을 했느냐**가 아니기 때문이다.

기본적으로 우리가 취하는 방법은 팀에서 누구도 불만을 제기하지 않는 가장 이른 시간을 선택하는 것이다. 대개는 9시, 9시 30분, 10시가 선택된다. 중요한 것은 모든 사람들이 진심으로 받아들일 수 있는 시간이어야 한다는 점이다.

어디에 선을 그을까

자, 이제 시간이 얼마 남지 않았다. 우리가 스프린트 계획회의에서 하고자 했던 일 중에 시간이 모자란 경우 쳐내야 할 것은 무엇인가? 내가 사용하는 우선순위는 다음과 같다.

우선순위 1 : 스프린트 목적과 데모 날짜. 이것이 스프린트를 시작하기 위해 필요한 최소한의 것이다. 팀에게 목적과 마감 날짜만 있어도 당장 제품 백로그를 가지고 일을 시작할 수 있을 것이다. 하지만 끔찍하다. 여러분은 다음날 새로운 스프린트 계획회의를 심각하게 고려해야 한다. 하지만 여러분이 정말 스프린트를 시작해야만 하는 상황이라면 안 될 것도 없을 것이다. 하지만 솔직히 나는 이렇게 적은 정보만 가지고서 스프린트를 시작해 본 적이 한 번도 없다.

우선순위 2 : 팀이 이번 스프린트에 포함하기로 인정한 스토리 목록

우선순위 3 : 스프린트에 포함된 각 스토리에 대한 추정치

우선순위 4 : 스프린트에 포함된 각 스토리에 대한 데모 방법

우선순위 5 : 여러분의 스프린트 계획에 대한 현실성을 검증한다는 의미로서의 속도 및 자원 계산. 여기에는 팀 멤버 목록과 그들이 투입 가능한 시간도 포함된다. (이것들이 없다면 여러분은 속도를 계산할 수 없다.)

우선순위 6 : 일일 스크럼의 시간과 장소 결정. 불과 몇 분이면 결정할 수 있다. 하지만 시간이 모자란다면 회의가 끝난 뒤 스크럼 마스터가 결정하여 모두에게 이메일로 알려줄 수도 있다.

우선순위 7 : 스토리를 작업으로 나누기. 작업 나누기는 일일 스크럼과 연계하여 매일 실시할 수도 있다. 하지만 이렇게 하면 스프린트의 흐름이 약간은 흐트러질 수 있다.

기술 스토리

기술 스토리(tech story)라고 하는 복잡한 문제가 있다. 여러분은 이를 비기능적인 항목 혹은 어떤 다른 이름으로 부를지도 모른다.

내가 말하려고 하는 것은, 제품 책임자에게 직접적인 가치를 제공하는 것도 아니지만, 전달할 수 있는 성질의 것도 아니고 다른 특정 스토리에 직접적으로 관련되지 않으면서도, 완료해야 하는 일이다.

우리는 이것들을 '기술 스토리'라고 부른다.

다음과 같은 것들이 될 수 있다.

- **지속 빌드 서버(continuous build Server) 구축하기**
    - 완료되어야 하는 이유: 개발자들의 시간을 막대하게 절약시켜주고 이터레이션이 끝날 때쯤 발생할 수 있는 빅뱅 통합의 위험을 줄여주기 때문이다.
- **시스템 설계 개요 작성**
    - 완료되어야 하는 이유: 설계 개요가 없으면 개발자들이 전체적인 설계를 놓치기 쉽고, 이로 인해 일관되지 않은 코드를 작성할 수 있기 때문이다. 모두가 설계적 관점에서 동의할 수 있게 하는 '큰 그림'에 해당하는 문서가 필요하다.
- **DAO 레이어 리팩터링하기**
    - 완료되어야 하는 이유: DAO(Data Access Object) 레이어가 정말 엉망이 되어 모든 사람이 혼란을 겪고 불필요한 버그로 인해 시간을 허비하게 만들기 때문이다. 코드를 깔끔하게 다듬으면 모든 사람들의 시간을 절약하고 시스템이 더 견고해질 수 있다.
- **Jira (버그 추적 시스템) 업그레이드**
    - 완료되어야 하는 이유: 현재 사용하는 버전이 너무 버그가 많고 느리다면, 업그레이드로 모든 사람들의 시간은 절약될 것이다.

이 스토리들이 일반적인 개념에 들어맞는가? 아니면 이것들은 어떤 특정 스토리와도 관련되어 있지 않은 작업들인가? 누가 이것들의 우선순위를 결정하는가? 제품 책임자가 이것들에 관여해야 하는가?

우리는 기술 스토리를 다루기 위해 여러 가지 방법을 실험해 보았다. 일반적인 스토리처럼 취급하려고 해봤지만, 제품 책임자가 제품 백로그를 두고 우선순위를 결정하려고 할 때는 과일이라는 것 외에는 연관성이 없는 사과와 오렌지를 비교하는 것처럼 적절하지 못했다. 사실 기술 스토리의 우선순위가 낮게 매겨지는 데에는 다음과 같은 식의 명백한 이유가 있었다. "여러분, 저도 지속 빌드 서버가 중요하다는 점은 확신합니다. 다만 우선은 가치를 제공하는 기능부터 구현하는 것이 어떨까요? 그런 다음 나중에 여러분이 말하는 기술적인 부분을 추가합시다. 좋죠?"

제품 책임자가 맞는 경우도 있지만 그렇지 않은 경우도 종종 있다. 우리는 제품 책임자가 항상 절충안을 결정하기에 적격인 것은 아니라고 결론지었다. 우리가 취하는 방법은 이렇다.

1) 기술 스토리를 피하려고 노력한다. 기술 스토리가 있다면 측정할 수 있는 비즈니스 가치가 드러나는 일반적인 스토리로 바꿀 수 있는 방법을 찾기 위해 노력한다. 그렇게 함으로써 제품 책임자가 절충안 중에서 올바른 결정을 할 수 있는 더 나은 기회를 가질 수 있다.
2) 기술 스토리를 일반 스토리로 바꿀 수 없는 경우에는 다른 스토리의 하위 작업으로 처리할 수 있는지 확인한다. 예를 들어, 'DAO 레이어 리팩터링'은 DAO 레이어에 포함된 '사용자 편집' 스토리 관련 작업으로 나타낼 수 있을 것이다.
3) 앞의 두 가지 방법이 모두 통하지 않는다면, 기술 스토리로 정의하고 기술 스토리들만 모아 별도의 목록으로 관리한다. 제품 책임자가 목록은 볼 수 있지만 수정할 수는 없다. 제품 책임자와 협상을 하고 기술 스토리

를 구현할 시간을 확보하는 데 '집중도'와 '추정 속도'를 이용하라.

예 :

(우리가 실시했던 스프린트 계획회의에서 실제로 매우 유사한 대화가 오간 적이 있다.)

팀 : 몇 가지 내부적으로 처리할 기술적인 이슈들이 있어서 우리 시간의 10%를 거기에 투입하고 싶습니다. 말하자면 집중도를 75%에서 65%로 줄였으면 해요. 괜찮을까요?

제품 제품 책임자 : 뭐라고요? 안됩니다! 우리에겐 시간이 없어요!

팀 : 여기 지난 스프린트를 보세요. (모두 화이트보드에 그려진 속도 그래프로 고개를 돌린다.) 우리가 추정한 속도는 80이었지만 실제 속도는 30이었어요. 그렇죠?

제품 책임자 : 맞아요! 그래서 우리가 지금 내부적인 기술 사안을 처리할 시간이 없다는 것이에요. 새로운 기능을 구현해야 합니다!

팀 : 우리 속도가 그렇게 좋지 않았던 **이유**가 테스트 버전을 만드느라 임시로 통합하고 릴리스하는 데 시간을 너무 많이 썼기 때문입니다.

제품 책임자 : 네, 그래서요?

팀 : 이 문제에 뭔가 조치를 취하지 않으면 우리 속도가 계속 나쁠 거라는 거죠.

제품 책임자 : 네, 그래서요?

팀 : 그래서 이번 스프린트에 10% 정도의 시간을 들여 지속 빌드 서버를 설치하고, 통합 시에 발생하는 다른 문제들을 제거하자고 제안하는 것입니다. 이렇게 하면 그 다음 스프린트부터 **적어도** 20% 정도는 속도가 증가할 거에요.

제품 책임자 : 정말인가요? 그럼 지난 스프린트에서는 왜 이 일들을 하지 않은 거죠?

팀 : 그건... 당신이 그러지 말라고 해서...

제품 책임자 : 어... 그랬었나요? 하지만 좋아요. 지금은 그것을 하는 것이 좋은 생각 같군요.

물론 다른 대안은 제품 책임자에게 알리지 않거나 협상 불가능한 집중도를 제시하는 것이다. 하지만 먼저 의견 일치를 이끌어내기 위한 노력을 하지 않을 이유는 없다.

제품 책임자가 능력 있고 합리적인 인물이라면 (이 점에서 우리는 운이 좋았다) 그에게 가능한 많은 정보를 제공하고 그가 전체적인 우선순위를 결정하도록 물러서 있기를 제안한다. 투명함이야말로 스크럼의 핵심 가치 중 하나이지 않은가?

버그 추적 시스템과 제품 백로그

좀 까다로운 이슈가 있다. 엑셀은 제품 백로그를 작성하기는 아주 좋다. 하지만 버그 추적 시스템도 있어야 하는데, 엑셀로는 아무래도 좀 힘들다. 우리는 Jira를 사용한다.

그렇다면 우리가 Jira에 올라온 항목들을 스프린트 계획회의에 어떻게 반영할까? 내가 하고 싶은 얘기는 그냥 그것들을 무시하고 스토리만 생각해서는 안 될 거라는 것이다.

우리는 몇 가지 전략을 시도해 보았다.

1) 제품 책임자가 가장 우선순위가 높은 Jira 항목을 프린트해서 스프린트 계획회의에 가져온다. 이것들을 다른 스토리와 함께 벽에 붙여 놓는다 (이를 통해 Jira 항목들의 우선순위가 다른 스토리들과 비교할 때 어느 정도인지 간접적으로 알 수 있다.)

2) 제품 책임자가 Jira 항목을 언급하는 스토리를 만든다. 예를 들면 다음과

같다. '가장 치명적인 백오피스 리포팅 버그들(Jira-124, Jira-126, Jira-180)을 수정한다.'

3) 버그 수정을 스프린트 대상에서 제외한다. 다시 말해서 팀의 집중도를 충분히 낮게(예를 들어 50%) 잡아서 버그를 수정할 만한 여력을 갖게 하는 것이다. 이것은 단순하게 팀이 스프린트마다 일정 시간을 Jira에 등록된 버그를 수정하는 데 사용한다고 가정하는 것이다.

4) 제품 백로그를 Jira에 넣는다(다시 말해 엑셀을 안 쓴다는 얘기다). 버그를 다른 스토리와 마찬가지로 취급한다.

아직 어떤 방법이 가장 좋은지 결론을 내리지는 못했다. 사실, 팀마다 또 스프린트마다 답이 달라질 것이다. 하지만 나는 첫 번째 전략에 한 표를 주고 싶다. 이것은 단순하면서도 꽤 괜찮은 전략이다.

스프린트 계획회의가 마침내 끝나다

이럴 수가! 나는 스프린트 계획회의를 다룬 이번 장이 이렇게 길어질 줄은 꿈에도 몰랐다. 아마도 스프린트 계획회의가 스크럼에서 가장 중요한 활동이라는 나의 생각이 반영된 것 같다. 이 회의에 많은 힘을 쏟으면 나머지 일들은 훨씬 더 쉬워질 것이다.

만약 스프린트 계획회의 후 모든 사람(제품 책임자 및 모든 팀원)이 미소를 짓는다면, 그리고 다음날 아침에 일어나서도 미소를 짓고, 첫 일일 스크럼 회의도 웃으면서 시작할 수 있다면, 스프린트 계획회의는 성공한 것이다.

물론, 그렇다고 해도 모든 일이 완전히 잘못될 수도 있다. 하지만 최소한 여러분은 스프린트 계획을 비난할 수는 없을 것이다. 🙂

Scrum and XP from the Trenches

5

스프린트를 알리는 방법

회사의 모든 구성원이 현재 벌어지고 있는 일들을 항상 알고 있게 하는 것은 중요하다. 그렇지 않으면 사람들은 불만을 갖거나, 더 나쁘게는 현재 상황에 대한 잘못된 억측을 만들어낸다.

우리는 '스프린트 정보 페이지'를 이용하여 이를 해결한다.

잭애스 팀. 스프린트 15

스프린트 목표
- 베타 수준 출시!

스프린트 백로그 (괄호 안은 추정치)
- 입금(3)
- 이관 도구(8)
- 백오피스 로그인(5)
- 백오피스 사용자 관리(5)

추정 속도 : 21

일정
- 스프린트 기간 : 2006-11-06 ~ 2006-11-24
- 일일 스크럼 : 9:30 ~ 9:45, 팀방
- 스프린트 데모 : 2006-11-24, 13:00, 카페테리아

팀
- 짐
- 에리카 (스크럼 마스터)
- 톰 (75%)
- 에바
- 존

가끔은 각 스토리를 어떤 방법으로 데모할지에 대한 정보도 포함시킨다.

스프린트 계획회의가 끝나면 가능한 빨리 스크럼 마스터가 이와 같은 페이지를 만들어서 위키에 올리고 회사 전체에 다음과 같은 스팸 메일을 보낸다.

제목: 잭애스 팀이 스프린트 15를 시작했습니다.

여러분 안녕하세요. 잭애스 팀이 이제 막 스프린트 15를 시작했습니다.
우리 팀의 목표는 11월 24일까지 베타 수준의 릴리스로 데모하는 것입니다.
자세한 정보는 다음의 스프린트 정보 페이지를 참고하세요.
http://wiki.mycompany.com/jackass/sprint15

위키에는 '현황판(dashboard)' 페이지를 만들어, 현재 진행 중인 모든 스프린트의 링크를 넣는다.

전사 현황판
진행 중인 스프린트
- 잭애스 팀 스프린트 15
- X팀 스프린트 12
- Y팀 스프린트 1

여기에 추가로 스크럼 마스터는 스프린트 정보 페이지를 인쇄하여 팀방의 바깥 벽에 붙여 놓는다. 그래서 지나가는 누구든지 스프린트 정보 페이지를 보고 팀이 무슨 일을 하고 있는지 알 수 있게 한다. 이 페이지에는 일일 스크럼과 스프린트 데모의 시작 및 장소가 적혀 있기 때문에, 더 알고 싶으면 언제 어디로 가야할지도 알 수 있다.

스프린트가 끝날 때쯤 되면 스크럼 마스터는 곧 있을 데모에 대해 상기시키는 메일을 전원에게 보낸다.

제목: 잭애스 팀의 데모가 내일 13시 카페테리아에서 열립니다.

여러분, 안녕하세요. 내일 (금요일) 13시 카페테리아에서 열릴 저희 팀의 스프린트 데모에 초대합니다. 저희는 이번에 베타 수준의 릴리스를 데모할 예정입니다.
자세한 정보는 다음의 스프린트 정보 페이지를 참고하세요.
http://wiki.mycompany.com/jackass/sprint15

이상과 같이만 한다면, 어느 누구도 회사에서 벌어지고 있는 일을 모른다는 변명을 할 수 없을 것이다.

Scrum and XP from the Trenches 6

스프린트 백로그 만들기

여기까지 잘 따라왔는가? 휴, 잘했다.

그럼 이제 스프린트 계획회의를 끝냈고 따끈따끈한 새 스프린트에 대해서도 세상에 알렸으니, 이제 스크럼 마스터가 스프린트 백로그를 만들 때가 되었다. 이 일은 스프린트 계획회의 후, 첫 번째 일일 스크럼 전에 완료해야 한다.

스프린트 백로그 형식

우리는 Jira, Excel, 실제 벽에 붙인 작업 현황판 등 여러 형식을 통해 스프린트 백로그를 실험해 보았다. 초기에는 주로 Excel을 이용했다. 스프린트 백로그 용으로 만들어진 Excel 템플릿도 많이 공개되어 있는데, 그 중에는 소멸 차트를 자동으로 생성해 주는 기능이나 이와 비슷한 기능을 가진 것도 있다. 우리가 Excel로 만들어진 스프린트 백로그를 어떤 식으로 고쳤는가 하는 것만으로도 늘어놓을 이야기가 많다. 하지만 여기서는 어떤 예제도 소개하지 않을 생각이다.

대신에 스프린트 백로그를 나타내는 형식 중에서 우리가 발견한 가장 효과적인 형식을 자세히 설명할 것이다. 바로 벽을 이용한 작업 현황판이다.

회사 로고, 오래된 다이어그램, 보기 싫은 그림과 같이 쓸모없거나 사용하지 않는 것으로 방치된 넓은 벽을 찾아라. 그리고 그 벽을 깔끔하게 치워라. (필요하다면 허가를 받아라.) 정말로 큰 종이(적어도 2m x 2m, 팀이 크다면 3m x 2m)를 테이프로 붙여라. 그런 다음 아래 그림처럼 해라.

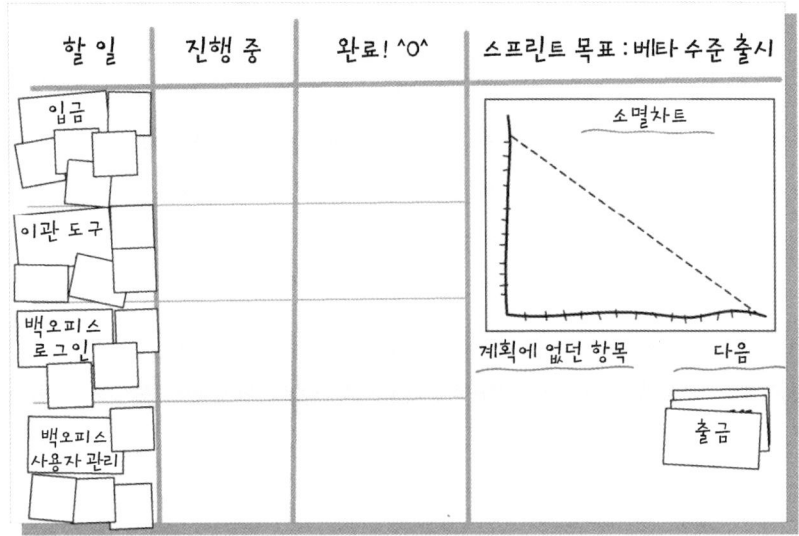

물론 화이트보드를 이용해도 된다. 하지만 그렇게 하는 것은 조금 낭비다. 가능하다면 설계 스케치 작업을 위해 화이트보드는 남겨두고 작업 현황판은 그냥 벽을 이용해라.

주의 : 여러분이 포스트잇을 써서 작업을 표시한다면 붙일 때 진짜 테이프를 써서 붙여야 함을 잊지 마라. 그렇게 하지 않으면 어느 날 바닥에 떨어진 포스트잇이 이쁘게 쌓여있는 모습을 발견하게 될 것이다.[1]

작업 현황판의 원리

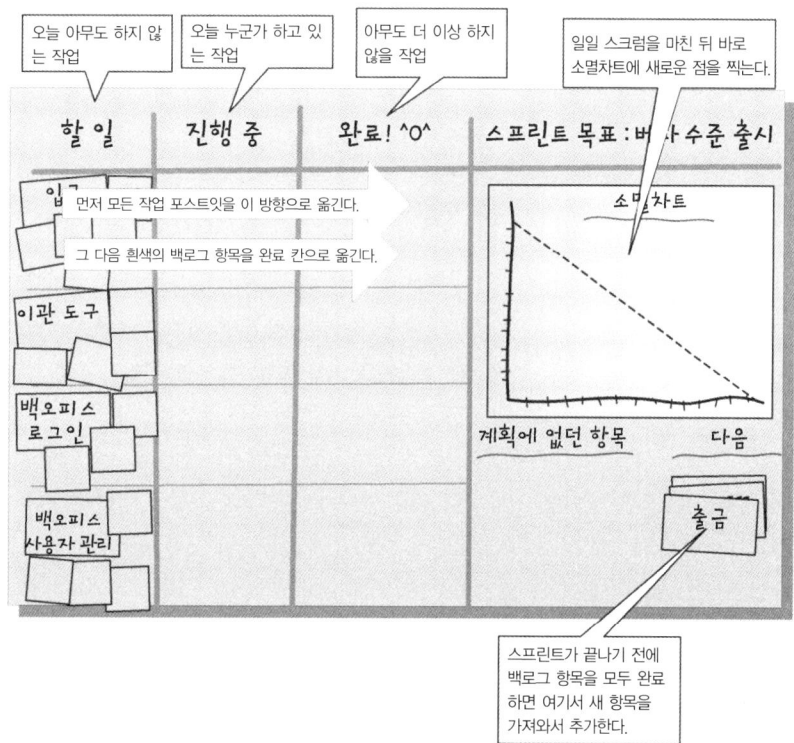

물론 여러분이 원하면 어떤 종류의 칸이라도 추가할 수 있다. 예를 들자면 '통합 테스트 대기 중'이나 '취소' 등이 있을 것이다. 하지만 문제를 더 복잡하게 만들기 전에 진지하게 생각해보라. 이런 것들을 추가하는 것이 정말, **정말** 필요한지.

나는 이런 유형의 일을 할 때 단순함이 가장 중요하다고 생각한다. 그래서 그렇게 하지 **않았을** 경우에 너무 큰 비용이 발생하는 경우에만 복잡함을 허용한다.

---

1 (옮긴이) 포스트잇 중에는 이러한 단점을 개선하여 접착력이 강화된 'super-sticky' 제품이 있으니, 이를 사용하는 것도 고려해볼 만하다.

예 1 – 첫 번째 일일 스크럼을 마치고

첫 번째 일일 스크럼을 마치고 나면, 작업 현황판은 아마 다음과 같이 되어 있을 것이다.

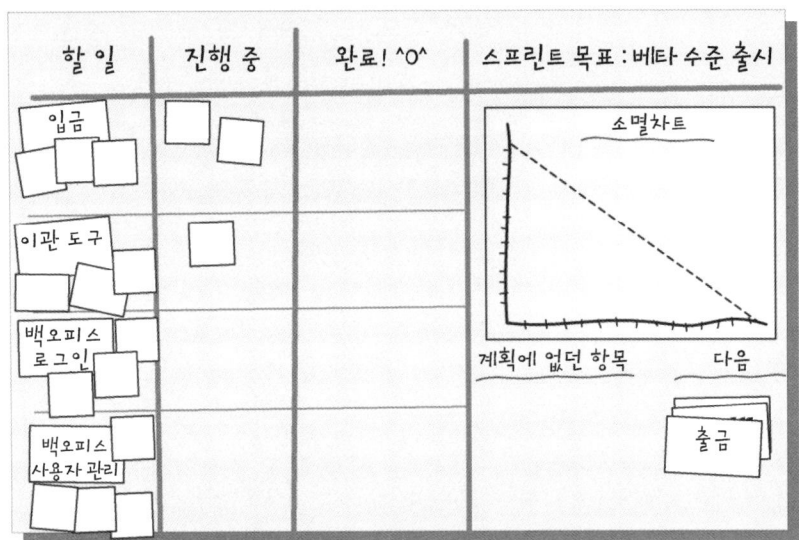

그림에서 보듯이 작업 세 개가 '진행 중'이다. 다시 말해서 팀은 오늘 이 항목들을 작업할 것이다.

가끔 큰 팀의 경우에는 그 작업을 누가 하고 있는지 아무도 기억하지 못해서 작업 하나가 '진행 중' 상태로 멈춰 있기도 한다. 만일 이런 일이 팀 내에 자주 발생하면 작업을 시작한 사람의 이름을 적어놓는 등의 정책을 도입하기도 한다.

예 2 – 며칠이 지나고

며칠이 지나고 나면 작업 현황판은 아마도 다음과 비슷한 모양이 되어 있을 것이다:

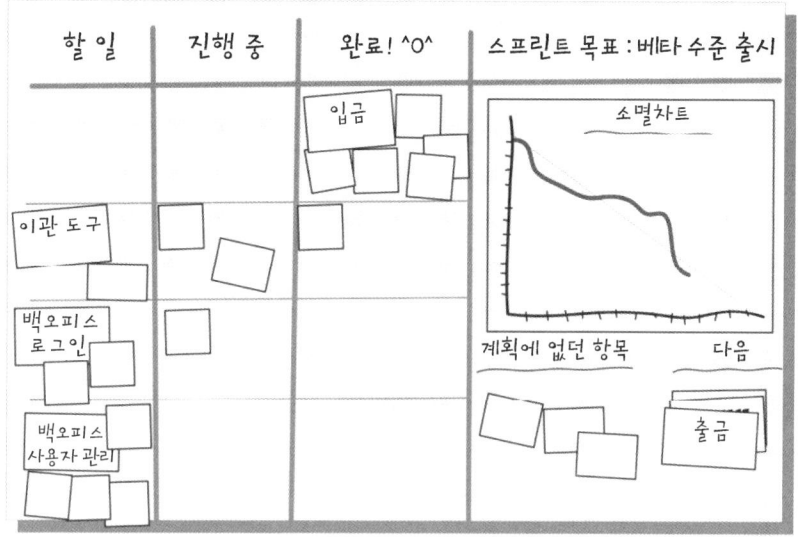

그림에서 보듯이 우리는 '입금' 스토리를 완료했다. (다시 말하자면 소스 코드를 저장소에 체크인했고, 테스트와 리팩터링 등을 마쳤다.) 이관 도구는 부분적으로 완료된 상태고, 백오피스 로그인은 시작되었지만, 백오피스 사용자 관리는 아직 시작되지 않았다.

오른쪽 하단에 우리가 미처 계획하지 못한 항목이 3개 있다. 이렇게 하면 '스프린트 회고'를 할 때 이것들을 기억해내는 데 유용하다.

아래 스프린트가 거의 끝나가는 스프린트 백로그의 실제 사례가 있다. 스프린트 백로그는 스프린트가 진행되면서 지저분해지기 마련이다. 하지만 오래도록 남겨둘 것이 아니므로 문제없다. 새로 시작하는 스프린트마다 우리는 신선하고 깨끗한 새 스프린트 백로그를 만들 테니까.

소멸 차트의 원리

소멸 차트를 자세히 들여다 보자.

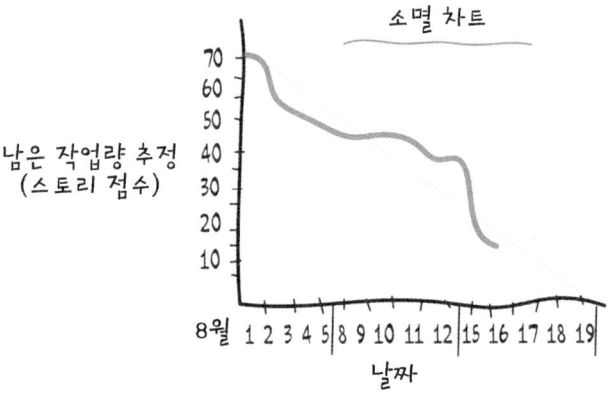

이 차트에서 다음의 정보들을 읽을 수 있다.
- 스프린트를 시작한 첫날인 8월 1일에 팀이 추정한 작업량은 대략 70 스토리 점수였다. 이 값은 이번 스프린트 전체의 **추정 속도**에 해당한다.
- 8월 16일에는 팀이 추정하기로 15 스토리 점수만큼의 일이 남아 있다.

점선으로 그려진 추세선은 팀이 대체로 예측대로 진행하고 있음을 보여준다. 다시 말해 지금의 페이스대로라면 그들은 스프린트가 끝날 때쯤 모든 일을 완료할 수 있을 것이다.

주말에 일을 하는 경우는 거의 없으므로 우리는 X축에 주말을 표시하지 않는다. 주말을 표시하기도 했었는데, 그렇게 하면 소멸 차트가 다소 혼란스러워진다. 주말 동안에 그래프가 '평평'해져서 마치 경고 신호처럼 보이기 때문이다.

작업 현황판의 경고 신호

작업 현황판을 흘깃 보기만 해도 누구나 스프린트가 얼마나 잘 진행되고 있

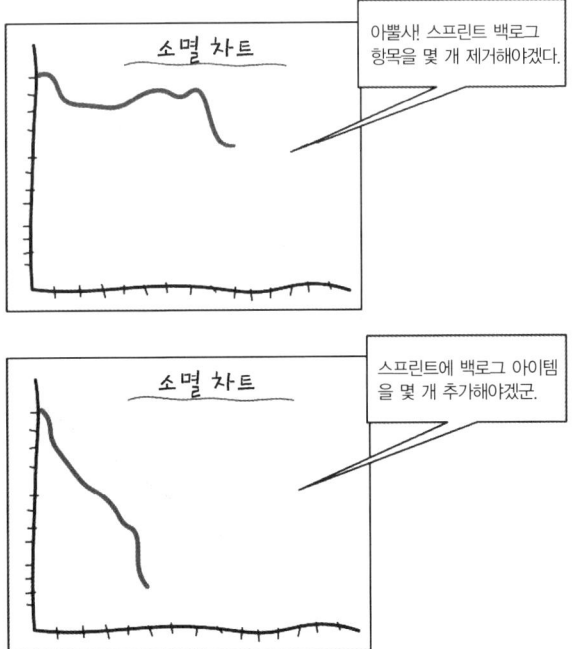

는지를 알 수 있어야 한다. 스크럼 마스터는 팀이 다음과 같은 경고 신호에 맞춰 대응해야 할 책임이 있다.

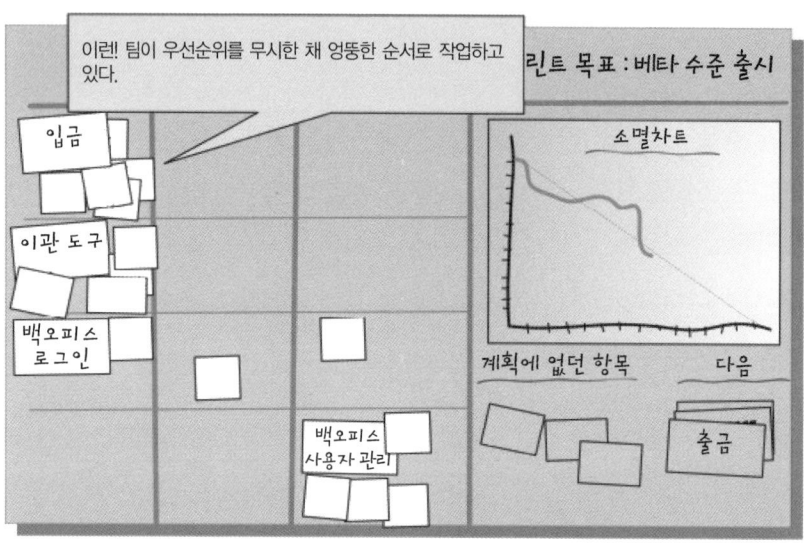

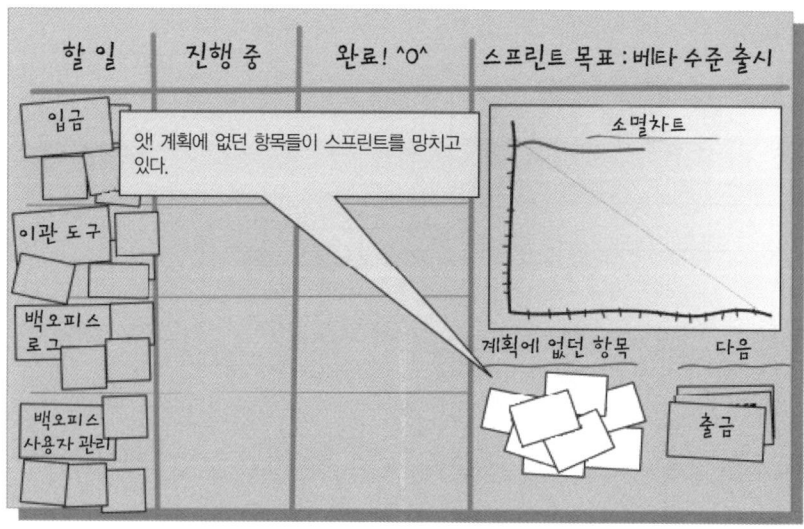

이봐, 이력 관리는 어떻게 해?!

내가 제안할 수 있는 최고의 이력 관리 방법은 매일 작업 현황판을 디지털 카메라로 찍어두는 것이다. 여러분이 꼭 해야 한다면 말이다. 나도 가끔씩 그렇게 하지만 찍어둔 사진들을 다시 들춰봐야 했던 적은 없었다.

이력 관리가 정말로 중요하다면 작업 현황판을 이용하는 방법이 적합하지 않을지도 모른다.

하지만 나는 여러분에게 상세한 스프린트 이력 관리가 실제로 얼마나 가치를 가지는지 헤아려 보기를 제안한다. 스프린트가 끝나고 제대로 동작하는 코드가 전달되고 문서 작업까지 마치고 나면, 실제로 어느 누가 스프린트 5일째에 몇 개의 스토리가 완료되었는지 관심 있어 할까? 과연 누가 '입금 스토리에 대한 실패하는 테스트 작성'이라는 작업의 시간 추정치가 얼마였는지에 관심을 가질까?

날짜로 추정하기와 시간으로 추정하기

여러분은 스크럼에 관한 대부분의 다른 책이나 글에서 작업의 크기를 추정할 때는 날짜(day)가 아닌, 시간(hour)으로 추정한다는 것을 발견하게 될 것이다. 우리도 그렇게 했었다. 우리가 일반적으로 사용했던 공식은 이렇다.

1 유효 맨-데이(man-day) = 6 유효 맨-아워(man-hour)

이제 우리는(적어도 우리 팀 대부분은) 더 이상 그렇게 하지 않는다. 그 이유는 다음과 같다.

- 맨-아워(man-hour) 추정치는 너무 잘게 나눠져 있어서 한두 시간짜리 작은 작업들이 너무 많아지게 되고, 결국 지나치게 세부적인 내용까지 관리하는 즉, 미시적인 관리(micromanagement)로 치우치는 경향이 있다.
- 모두가 맨-데이를 기준으로 추정한 뒤 맨-아워를 적을 때 단순히 곱하기

6을 하는 것으로 드러났다. "흐음, 이 작업은 하루 정도 걸리겠어. 아! 시간 단위로 적어야 하지? 그럼 6시간이라고 적어야겠네."
- 서로 다른 두 가지 단위를 사용하면 혼란을 초래한다. "저 추정치가 맨-데이였나, 맨-아워였나?"

그래서 요새 우리는 작업량을 추정하는 기준으로 맨-데이를 사용한다(그 값을 부를 때는 스토리 점수라고 하지만 말이다). 우리가 사용하는 가장 낮은 값은 0.5인데, 그보다 작은 작업은 제거하거나 다른 작업과 합치거나, 그냥 0.5로 남겨둔다(약간 높게 평가하는 것은 그렇게 큰 문제가 되지 않는다). 멋지고 간단하지 않은가?

Scrum and **XP** from the Trenches

팀방 꾸미기

설계 구역

나는 가장 흥미진진하고 가치 있는 설계 토의가 주로 작업 현황판 앞에서 즉흥적으로 이뤄지는 것을 보아왔다.

이러한 이유로, 우리는 가능하면 이 공간을 명시적인 '설계 구역'으로 꾸미려고 한다.

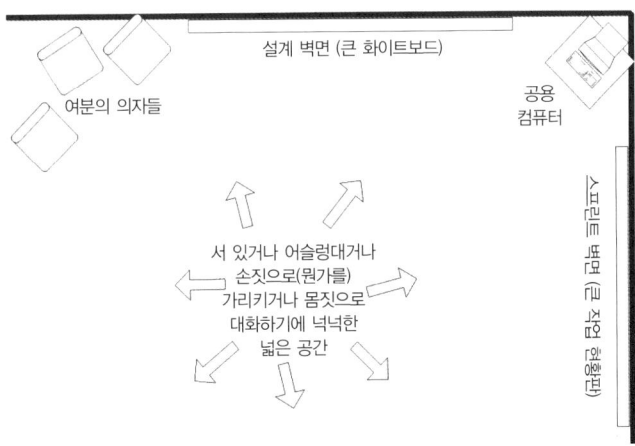

이런 공간은 정말로 아주 유용하다. 설계 구역에 서서 두 벽면을 잠깐 보고 나서 컴퓨터에 앉아 시스템의 최신 빌드를 돌려보는 것이 시스템의 큰 그림을 보는 데에는 최고의 방법이다. (최신 빌드를 돌려보려면 여러분이 지속 빌드 (continuous build)를 하고 있어야 한다. 103쪽의 「스크럼과 XP 결합하기」를 참고하라.)

'설계 벽면'은 단지 큰 화이트보드지만, 가장 중요한 설계 스케치와 설계 문서(순서도, GUI 프로토타입, 도메인 모델 등)를 포함한다.

위 사진 속에서는 앞서 얘기한 구역에 모여 일일 스크럼이 진행 중이다.

(흠... 사진의 소멸 차트는 의심스러울 정도로 훌륭하고 직선에 가깝지 않은가? 하지만 저 팀은 진짜라고 주장한다. ☺)

팀을 한자리에 모아라

책상 배치나 자리를 결정할 때가 되면 아무리 강조해도 지나치지 않을 단 하나의 원칙이 있다.

팀을 한자리에 모아라!

의미를 좀더 명확하게 하기 위해 한 번 더 이야기하겠다.

팀을 한자리에 모아라!

사람들은 자리를 이동하는 것을 꺼린다. 적어도 내가 그 동안 일했던 곳에서는 그랬다. 사람들은 자신의 물건들을 챙겨서 컴퓨터를 뽑아 들고, 자신의 온갖 잡동사니를 새로운 책상으로 옮겨서 다시 설치하는 것을 달가워하지 않는다. 거리가 짧을수록 더 심하게 꺼리게 된다. "이것 보세요, 보스. 기껏 5미터를 옮겨야 하는 이유가 대체 뭐죠?"

그럼에도 효과적인 스크럼 팀을 구축하려면 다른 대안은 없다. 팀을 한자리에 모으는 것 말고는. 설령 여러분이 개개인에게 강압적으로 해야 할 필요가 있으면, 직접 그들의 소지품을 옮기고 오래된 커피잔 자국을 닦아줘라. 팀을 위한 공간이 없다면 공간을 만들어내라. 어딘가에는 있을 것이다. 그것이 지하실 바닥이라 하더라도. 테이블들을 옮기든지 하다못해 사무실 관리자에게 뇌물을 주더라도 필요하다면 어떠한 일이든 해라. 어떻게든 팀을 한자리에 모아라.

일단 팀을 한자리에 모으고 나면 그에 따른 보상은 즉시 나타날 것이다. 스프린트가 한 번만 지나고 나면 팀은 한자리에 모이기를 잘 했다는 데 동의할 것이다. (개인적인 경험에서 말하는 것이라, 여러분의 팀에서는 완강히 인정하지 않을 수도 있다.)

여기서 '한자리'가 뜻하는 바는 무엇일까? 책상을 어떻게 배치해야 할까? 음, 최적의 책상 배치에 관해서는 권고할 만한 의견이 없다. 그리고 혹시 있다고 하더라도, 대부분의 팀들이 책상 배치를 고민해야 할 정도로 좋은 환경은 아닐 것이다. 대개는 이웃 팀, 화장실 문, 방 가운데 있는 커다란 슬롯 머신과 같은 것 때문에 물리적인 제약이 따른다.

'한자리'가 의미하는 바는 이렇다.

- **가청성**(audibility) : 팀의 누구라도 자기 자리를 떠나거나 소리치는 일 없이 다른 사람과 이야기할 수 있다.
- **가시성**(visibility) : 팀의 모든 멤버는 다른 멤버들을 모두 볼 수 있다. 모두가 작업 현황판을 볼 수 있다. 굳이 **읽을** 수 있을 정도로 가까울 필요는 없지만 적어도 볼 수는 있어야 한다.
- **단절성**(isolation) : 모든 팀원이 갑자기 일어나 즉흥적이고 활발하게 토의를 한다고 가정하자. 이때, 방해를 받을 정도로 가까운 곳에 팀 외부 인원이 있으면 안 된다. 반대도 마찬가지다.

단절성은 팀이 완전히 격리되어야만 한다는 것을 뜻하지는 않는다. 칸막이가 있는 곳이라면 여러분의 팀이 전용으로 사용할 수 있는 칸막이 공간이 있고, 칸막이 벽이 커서 팀 외부로부터의 잡음을 **대부분** 차단시킬 수만 있어도 충분하다.

그런데 여러분의 팀이 분산되어 있다면 어떻게 할까? 음, 운이 나쁜 경우다. 화상 회의, 웹캠, 바탕화면 공유 도구 등, 분산으로 인한 피해를 최소로 줄일 수 있는 기술적 보조 도구들을 가능한 많이 사용하라.

제품 책임자 떨어뜨려 놓기

제품 책임자는 팀과 충분히 가까이 있어서 팀이 그에게 불쑥 무엇이든 물어볼 수 있고, 그 자신도 어슬렁거리다 작업 현황판을 둘러볼 수 있어야 한다. 하지만 팀과 같은 자리에 있어서는 안 된다. 왜냐고? 그렇게 하면 자신을 억제하지 못하고 깊이 관여하게 될 가능성이 높아지고, 결국 팀은 *끈끈하게* 융화되지 못할 것이기 때문이다. (*끈끈하게* 융화된다는 것은 결속력이 강하고 자율적인 관리가 이뤄지는 극도로 생산성이 높은 상태를 말한다.)

솔직히 지금 이야기하고 있는 내용은 추측일 뿐이다. 나는 지금까지 제품 책임자가 팀과 함께 앉아 있는 경우를 실제로 본 적이 없다. 그러니 나에게는 이것이 좋지 않은 생각이라고 말할 만한 경험적 이유는 없는 셈이다. 단지 직감이거나 다른 스크럼 마스터들에게서 들은 소문에 따른 것일 뿐이다.

관리자와 코치 떨어뜨려 놓기

내가 이런 내용을 적기란 조금 어렵다. 내가 바로 관리자이면서 코치이기 때문이다.

가능한 팀과 밀착하여 일하는 것이 나의 일이었다. 나는 팀을 구성하고, 팀원들 사이를 왔다갔다하면서 그들과 짝 프로그래밍하고, 스크럼 마스터를 코치하고, 스프린트 계획회의를 조직하는 등의 일을 했다. 되돌아보면 대부분의 사람들이 내가 일을 '잘 했다'고 생각했다. 내가 어느 정도 애자일 소프트웨어 개발에 관한 경험이 있었기 때문이다.

하지만, 그때 나는 개발 책임자, 즉 기능 관리자(functional manager)[1]이기도 했다. 이것은 내가 팀에 함께 있으면 자율적 관리와는 자동적으로 거리가 멀어진다는 의미이다. "이런, 보스가 떴군. 그는 우리가 무엇을 하고 있어야 하는지, 누가 무슨 일을 해야 할지 의견이 많을 꺼야. 그가 말할 테니 나는 조용히 있어야지."

나의 요점은 이렇다. 여러분이 스크럼 코치라면(그리고 아마도 관리자를 겸하고 있다면) 가능한 긴밀하게 참여하라. 하지만 한정된 기간 동안만 그렇게 하고, 그 다음에는 빠져 나와서 팀이 끈끈하게 융화되고 자율적인 관리가 이뤄지도록 하라. 가끔 한 번씩 (너무 자주가 아니다) 스프린트 데모에 참석하고, 작업 현황판을 보고, 아침에 일일 스크럼에서 듣는 식으로 팀을 점검해라. 여러

---

[1] (옮긴이) 직속 부하직원은 없지만 전문 관리자의 역할을 수행한다.

분이 개선할 부분을 발견하게 된다면 스크럼 마스터를 따로 불러서 그를 코치하라. **절대** 팀원들 앞에서 하지 말라. 만약 팀이 여러분을 충분히 신뢰하고 있고, 그래서 여러분이 있다고 입을 닫아버리지 않는다면 스프린트 회고(83쪽의「스프린트 회고하기」참고)에 참석하는 것도 좋은 생각이다.

잘 운영되는 스크럼 팀이라면, 그들이 필요한 것들은 모두 스스로 구할 것이라고 믿고 물러서 있어라(스프린트 데모에서는 예외다).

Scrum and XP from the Trenches

일일 스크럼 진행하기

우리는 일일 스크럼을 거의 규칙대로 진행한다. 정시에, 매일 같은 장소에서 시작한다. 초기에(우리가 스프린트 백로그를 컴퓨터로 만들던 시절) 스프린트 계획을 분리된 별도의 공간에서 세우곤 했으나, 지금은 일일 스크럼을 팀방, 작업 현황판 바로 앞에서 진행한다. 이 규칙은 어떠한 경우에도 깨지지 않는다.

회의 시간이 15분을 넘는 일이 생기지 않도록 우리는 보통 서서 회의를 진행한다.

작업 현황판 업데이트하기

대개 일일 스크럼을 하면서 작업 현황판을 업데이트한다. 한 사람씩 자신이 어제 한 일과 오늘 할 일을 이야기하면서 현황판의 포스트잇을 옮긴다. 아직 계획을 잡지 못한 일이 있으면 새 포스트잇에 적어 현황판에 붙인다. 자신의 시간 추정을 바꿔야 한다면 새로운 추정치를 포스트잇에 적어 넣고 기존 추정치는 줄을 그어 지워버린다. 가끔은 사람들이 이야기하는 동안 스크럼 마스터가 포스트잇 다루는 일을 하기도 한다.

[실패하는 테스트 작성 2일] [실패하는 테스트 작성 ~~2일~~ 3일] [실패하는 테스트 작성 ~~2일~~ ~~3일~~ 1일]

어떤 팀은 **회의 전**에 각자가 작업 현황판을 업데이트하도록 규칙을 정해놓기도 한다. 그렇게 하는 것도 좋다. 방침을 정했다면 그것을 잘 지켜라.

여러분의 스프린트 백로그를 어떠한 모양으로 관리하건 상관없이, 스프린트 백로그를 최신으로 유지하는 일에는 **팀 전체**가 참여하도록 해야 한다. 스크럼 마스터가 혼자서 스프린트 백로그를 관리하도록 하고 매일 팀원들에게 남은 시간에 대한 추정치를 물어보는 식으로 스프린트를 진행해 본 적이 있다. 이렇게 했을 때의 단점은 다음과 같다.

- 스크럼 마스터가 팀을 지원하고 방해물을 제거하는 대신 관리적인 일에 너무 많은 시간을 빼앗긴다.
- 스프린트 백로그에 관심을 기울여야 할 필요가 없어지면서 팀원들이 스프린트 진행상황을 알지 못하게 된다. 이렇게 피드백이 부족해지면 팀의 전체적인 기민함이나 집중력이 저하된다.

잘 만들어진 스프린트 백로그라면 팀원 각자가 스스로 업데이트하기 쉬워야 한다.

일일 스크럼 회의가 끝나자마자 누군가 시간 추정치를 모두 합하여 스프린트 소멸 차트에 새 점을 그려 넣는다. (물론 '완료' 칸에 있는 것들은 빼고 더한다.)

지각자 다루기

어떤 팀들은 돈을 넣는 통을 마련해둔다. 여러분이 1분이라도 지각하면 정해

둔 금액만큼을 통에 넣는다. 물어볼 것도 없다. 회의 전에 미리 전화해서 늦을 거라고 말했다고 하더라도 낼 돈은 내야 한다.

병원 진료 약속이나 결혼식 등 확실한 이유가 있어야지만 피할 수 있다.

통에 모인 돈은 친목을 다지는 행사에 사용된다. 여럿이 모여 게임을 즐기는 밤에 햄버거를 사는 데 쓴다든지 말이다.

이 방법은 잘 통한다. 하지만 팀원들이 자주 지각을 하는 팀에만 필요한 방법이다. 어떤 팀들은 이런 형태의 규칙이 필요하지 않다.

'오늘 할 일을 모르겠어요' 문제 다루기

누군가 다음과 같이 말하는 것은 드문 일이 아니다. "어제 한 일은 이것, 저것 등입니다만, 오늘 할 일은 전혀 모르겠어요." 이럴 땐 어떻게 해야 할까?

조와 리사, 두 사람이 오늘 할 일을 모른다고 하자.

내가 스크럼 마스터라면 일단 그냥 다음 사람으로 넘어가서 계속 진행하도록 하고, 할 일을 정하지 못한 사람이 누구누구인지는 메모를 남겨놓는다. 모두 이야기를 하고 나서 팀 전체와 함께 작업 현황판을 꼼꼼히 살펴본다. 작업 현황판의 내용이 실제와 일치하는지, 각 항목들의 의미는 모두 이해하고 있는지 등을 체크한다. 추가로 포스트잇을 붙일 것이 있는지 물어보기도 한다. 그런 다음 할 일을 모르겠다고 하는 사람들에게 다시 가서, "작업 현황판을 살펴보았는데 이제는 오늘 할 일을 정할 수 있을 것 같으세요?"라고 물어본다. 그러면 아마도 그렇다고 대답할 것이다.

만약 그래도 아니라고 한다면 짝 프로그래밍 기회가 있는지 고려해 본다. 니클라스가 오늘 백오피스 사용자 관리를 위한 GUI 부분을 구현할 계획이라고 하자. 그렇다면 나는 조 또는 리사에게 니클라스와 짝 프로그래밍을 할 수 있을지 정중하게 제안한다. 보통은 제안을 받아들인다.

이 방법도 효과가 없다면 다음 방법은 어떨까?

스크럼 마스터 : 좋아요, 베타 수준의 릴리스를 데모로 보여 주실 분 계세요? (스프린트 목표라고 가정하자.)

팀 : … (당황하여 답이 없다.)

스크럼 마스터 : 우린 지금 모두 완료한 것 아닌가요?

팀 : 어… 아뇨.

스크럼 마스터 : 오 이런, 왜 아니죠? 어떤 일이 남았나요?

팀 : 음, 아직 데모할 테스트 서버도 준비되지 않았고, 빌드 스크립트도 깨진 상태라구요.

스크럼 마스터 : 아하. (작업현황판에 포스트잇을 두 개 붙인다.) 조와 리사, 오늘 두 분이 이것들을 도와줄 수 있나요?

조 : 어… 제가 테스트 서버 마련하는 일을 할 수 있을 것 같군요.

리사 : … 그럼 저는 빌드 스크립트를 수정해보겠습니다.

혹 여러분이 운이 좋아서 누군가가 실제로 베타 수준의 릴리스를 데모할지도 모른다. 훌륭하다! 여러분은 스프린트 목표를 달성한 것이다. 그런데 아직 스프린트 중간이면 어떻게 할까? 쉽다. 훌륭하게 잘 마쳤다고 팀과 함께 자축하고, 현황판 오른쪽 아래에 있는 '다음' 영역에서 스토리를 한두 개 가져다가 왼쪽의 '할 일' 칸에 추가한다. 이제 일일 스크럼을 다시 진행한다. 제품 책임자에게 이번 스프린트에 항목을 추가했다고 알린다.

하지만 팀이 스프린트 목표를 달성하지 못했음에도 조와 리사가 여전히 할 일을 찾지 못하고 있다면 어떻게 해야 할까? 그런 경우에 나는 다음 전략 중 하나를 고민해본다. (그다지 훌륭하지 못하니 최후의 경우에만 참고하기 바란다.)

- **구식 방법** : 그냥 작업을 할당한다.
- **수치심 자극** : "음, 여러분이 팀을 도와줄 방법을 모르겠다고 하니 그

냥 집에 가거나 책을 읽거나 그러는 것이 어떨까요? 아니면 다른 사람이 도움을 요청할 때까지 그냥 앉아 있으세요".
- **동료 집단의 압력** : 마음 편하게 먹고 천천히 생각해 보세요. 목표 달성에 도움이 되는 일이 생각날 때까지 우리는 여기 가만히 서 있을게요.
- **강제 노역** : 음, 여러분은 오늘 하인 역할을 하면서 간접적으로나마 팀을 도울 수 있을 거에요. 커피를 끓이고, 마사지를 해주고, 휴지통을 비우고, 먹거리를 준비하고, 그밖에 오늘 하루 우리들이 요청하는 것은 무엇이든 해주는 거죠.

조와 리사가 기술적으로 도울 만한 일을 찾아내려고 얼마나 동분서주하는지 보면 여러분은 아마 놀랄 것이다.

특정한 사람이 여러분을 이 정도까지 몰고 오는 일이 자주 발생한다면 그 사람을 따로 불러서 좀 심각한 코칭을 해야 할 것이다. 그래도 문제가 해결되지 않으면 이 사람이 여러분 팀에 중요한 인물인지 아닌지 평가해 볼 필요가 있다.

그가 중요한 인물이 **아니라고** 하면 팀에서 제외시키는 방법을 찾아보라.

중요한 인물이 **맞다면** 그의 '양치기' 역할을 할 수 있는 누군가를 찾아 그와 짝을 지어 보아라. 조는 아마 훌륭한 개발자이고 아키텍트이겠지만, 단지 누군가가 자신에게 일 시키는 것을 더 좋아할지도 모를 일이다. 좋다. 니클라스에게 조의 영원한 양치기가 될 것을 임무로 주자. 아니면 여러분이 그 임무를 맡을 수도 있다. 만약 조가 팀에 충분히 중요하다면 그 정도 노력을 들일 가치가 있을 것이다. 우리는 이 같은 사례를 경험한 적이 있는데 이 방법이 어느 정도 효과가 있었다.

Scrum and **XP** from the Trenches

스프린트 데모하기

스프린트 데모(혹은 스프린트 검토회의라고도 부름)는 스크럼의 중요한 부분인데 사람들이 과소평가하는 경향이 있다.

"이런, 우리 정말 데모를 해야 하는 거야? 보여줄 만한 게 정말 없어!"

"우리는 빌어먹을 데모를 준비할 시간이 없어!"

"난 다른 팀 데모에 참석할 시간이 없어!"

모든 스프린트가 데모로 끝나야 하는 이유

비록 인상적으로 보이지 않을 수도 있지만, 잘 수행된 스프린트 데모는 스크럼에 큰 효과를 가져온다.

- 팀은 자신의 성취에 대해 인정받고 기분이 좋아진다.
- 다른 사람들은 당신의 팀이 어떤 일을 했는지 알게 된다.
- 데모는 이해당사자들로부터 아주 중요한 피드백을 이끌어낸다.
- 데모는 여러 다른 팀들이 교류하며 서로의 일에 대해 토론할 수 있는 사회적 이벤트이고 또 그렇게 운영되어야 한다. 이것은 가치 있는 일이다.

- 데모하는 것은 팀으로 하여금 실제로 일을 끝내고 그것을(심지어 테스트 환경에서만이라도) 릴리스하도록 유도한다. 데모를 하지 않았을 때는 99%만 완료된(완벽히 끝내지 못한) 작업들이 엄청나게 쌓이게 된다. 데모를 하게 되면 비록 완료된 항목이 적을지 모르지만 그 항목들은 정말로 완료된 것이다. (우리의 경우) 완료된 것처럼 보이는 작업들을 쌓아두는 것보다는 그 편이 훨씬 낫다. 완료되지 않은 작업은 다음 스프린트를 오염시키기 때문이다.

실제로 동작하는 것이 많지 않음에도 불구하고 팀이 스프린트 데모를 하도록 어느 정도 압박을 받게 되면 데모하기가 고역일 것이다. 그 팀은 데모하는 동안 말을 더듬으며 실수할 것이고, 냉담한 박수가 뒤따를 것이다. 사람들은 그 팀을 약간 안쓰러워 하겠지만, 일부는 형편없는 데모에 참석하느라 시간을 낭비했다고 화낼지도 모른다.

가슴 아픈 일이다. 하지만 좋은 약은 입에 쓰다. 다음 스프린트에서 그 팀은 작업을 완료하려고 정말로 애쓰게 될 것이다! 그들은 이렇게 느낄 것이다. "음, 다음 스프린트에 데모할 게 5개가 아니라 고작 2개일지도 모르지만, 이번에는 제대로 동작할거야!"

이런 팀은 무슨 일이 있더라도 데모를 해야 한다는 것을 알고 있으며, 그것은 데모할 유용한 것들을 만들어낼 가능성을 크게 높인다. 나는 이런 경우를 여러 번 목격하였다.

스프린트 데모 체크리스트
- 스프린트 목표를 명확하게 제시하라. 여러분의 제품을 전혀 모르는 사람이 참석해 있다면 몇 분 정도의 시간을 들이더라도 제품을 설명하라.
- 데모 준비에 너무 많은 시간을 쓰지 마라. 특히 발표를 위한 겉치레를

피하라. 쓸데없는 것들은 제쳐두고 실제로 동작하는 코드를 데모하는 일에만 집중하라.
- 빠른 속도를 유지하라. 다시 말해 데모를 멋지게 만들기보다는 빠른 속도로 진행하는 데 초점을 맞추어 준비하라.
- 비즈니스가 중심이 되도록 데모 수준을 유지하라. 기술적인 세부 사항들은 생략한다. '어떻게 했는가' 보다는 '무엇을 했는가'에 집중하라.
- 가능하다면 참석자들이 직접 제품을 사용해 보도록 하라.
- 소소한 버그 수정 내역이나 사소한 기능들을 데모하지는 말라. 언급은 하되 데모하지는 말라. 대개 그러는 데 시간을 너무 많이 빼앗기고 더 중요한 이야기에 집중하는 것을 방해하기 때문이다.

'데모 불가' 항목 처리하기

팀 원 : 이 항목은 데모하지 않을 생각입니다. 데모가 불가능하거든요. 스토리에는 '동시 사용자 10,000명을 처리할 수 있도록 시스템의 확장성을 향상시킨다'라고 되어 있습니다. 데모에 10,000명의 동시 사용자를 초대할 수는 없는 일이잖아요?

스크럼 마스터 : 그 항목을 완료는 했습니까?

팀 원 : 네, 물론이죠.

스크럼 마스터 : 그걸 어떻게 아나요?

팀 원 : 시스템을 성능 시험 환경에 설치하고 부하 서버를 8대 가동하여 동시 요청을 보내는 식으로 시스템을 시험했습니다.

스크럼 마스터 : 하지만 시스템이 10,000명의 사용자를 처리할 수 있을 것이라는 증거가 되나요?

팀 원 : 네. 시험 장비가 엉터리이긴 하지만 시험 중에 50,000개의 동시 요청을 처리할 수 있었거든요.

스크럼 마스터 : 어떻게 알았나요?

팀 원 : (지친 표정으로) 자 여기 보고서가 있습니다. 직접 보시죠. 여기에 보면 시험이 어떻게 설정되었는지와 전송한 요청이 몇 개인지 나와있습니다.

스크럼 마스터 : 훌륭하군요! 그럼 그것이 바로 당신의 '데모'입니다. 그냥 보고서를 보여주고 참석자들과 함께 검토하세요. 아무것도 없는 것보다는 낫지 않나요?

팀 원 : 어, 이걸로 충분한가요? 하지만 지저분하니까 좀 다듬어야겠군요.

스크럼 마스터 : 좋습니다. 하지만 시간을 너무 많이 쓰진 마세요. 예쁘게 할 필요는 없어요. 정보를 전달할 수만 있으면 됩니다.

Scrum and XP from the Trenches   **10**

스프린트 회고하기

모든 팀이 회고를 해야 한다고 주장하는 이유

회고에 있어서 가장 중요한 것은 **실제로 회고가 이루어지도록** 하는 것이다.

어떠한 이유에서인지 팀들이 회고를 꼬박꼬박 하려 하지는 않는 것 같다. 내가 겪은 팀들도 적당히 부추기지 않으면 대개는 회고를 건너뛰고 다음 스프린트를 진행하려 했다. 스웨덴의 문화적 특성 때문인지도 모르겠다.

그럼에도 회고가 극도로 유용하다는 점에는 모두가 동의하는 것 같다. 사실 나는 회고가 스크럼에 있어서 두 번째로 중요한 행사라고 본다. (첫째로 중요한 행사는 스프린트 계획회의다.) 회고는 여러분이 **개선을 할 수 있는 최고의 기회**이기 때문이다.

물론 좋은 아이디어를 내기 위해서 꼭 '회고'를 할 필요는 없다. 아이디어를 내는 거라면야 욕조에서도 할 수 있을 것이다. 하지만 팀이 그 아이디어를 받아들일까? 그럴 수도 있겠지만, 만약 그 아이디어가 '팀으로부터' 나온 것이라면, 즉 모두가 아이디어를 내고 토의하도록 마련된 회고 중에 나온 아이디어라면 팀이 수용할 가능성은 훨씬 높아진다.

회고를 하지 않으면 팀이 같은 실수를 반복해서 저지르는 것을 목격하게 될 것이다.

회고 구성하기

일반적인 구성은 약간씩 다를 수 있지만, 대개 우리는 다음과 같이 한다.

- 예상되는 토론 분량에 따라 1 ~ 3시간을 잡는다.
- 참석자 : 제품 책임자, 팀 전체, 나 자신
- 밀폐된 방을 떠나 구석진 아늑한 소파, 옥상의 테라스 등과 같이 가능한 오랫동안 토론에 방해 받지 않을 장소로 이동한다.
- 팀방에서는 사람들의 집중이 분산되기 때문에 우리는 팀방에서 회고를 하지 않는다.
- 도우미 역할을 한 명 정한다.
- 스크럼 마스터는 스프린트 백로그를 보여주고, 팀원들의 도움을 받아가며 스프린트 기간 동안 어떤 중요한 사건과 결정사항 등이 있었는지를 요약한다.
- 우리는 '한 명씩 돌아가며 이야기' 한다. 모든 사람들은 방해 받지 않고 말할 기회를 가진다. 각자 좋았던 것과 더 잘할 수 있었던 것, 다음 스프린트에서 다르게 해보고 싶은 것들을 이야기한다.
- 추정 속도와 실제 속도를 살펴본다. 차이가 크다면 왜 그런지 분석해 본다.
- 마칠 즈음에 스크럼 마스터는 다음 스프린트를 더 잘하기 위해 우리가 무엇을 할 수 있을지 구체적인 제안들을 요약해 본다.

우리가 하는 회고는 형식에 그다지 얽매이지 않는다. 다만 기저에 깔린 주제는 항상 같다. 그것은 '다음 스프린트를 더 잘하기 위해 우리가 무엇을 할 수 있을지'다.

아래 화이트보드는 최근 진행했던 회고 사례이다.

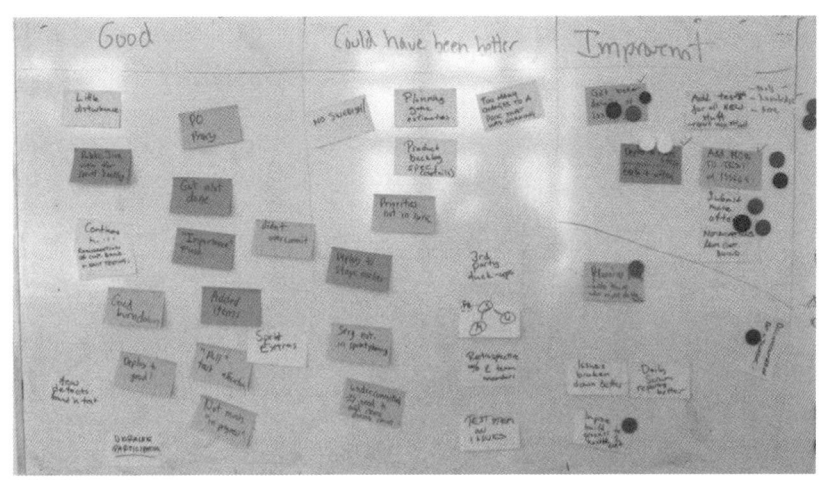

세 칸으로 나누어져 있다.

- **만족(Good)** 스프린트를 다시 한다고 하더라도, 이것들을 똑같이 반복할 것이다.
- **반성(Could have been better)** 스프린트를 다시 한다면, 그것들을 다른 방법으로 할 것이다.
- **개선(Improvement)** 향후 어떻게 개선할 수 있을지에 대한 구체적인 아이디어들.

즉 첫 번째와 두 번째 칸은 과거를, 세 번째 칸은 미래를 바라본다.

팀이 브레인스토밍을 거쳐 이렇게 포스트잇을 다 붙이고 나면, 개선안들 중 다음 스프린트 기간에 집중할 것들을 '점 투표(dot voting)'로 결정하곤 한다. 각 팀원은 3개의 자석을 가지고 다음 스프린트 동안에 팀이 우선 고려해야 할 개선안에 투표한다. 팀원들은 자기 마음대로 자석을 붙일 수 있다. 심지어 하나의 이슈에 모든 자석을 붙일 수도 있다.

이런 절차를 거쳐 이 팀은 이번에 집중할 5개의 프로세스 개선안을 선택했고, 다음 회고 때까지 지켜나갈 것이다.

여기서 중요한 것은 지나치게 욕심을 내지 말라는 것이다. 스프린트마다 소수의 개선안에만 집중하라.

팀 간 교훈 전파하기

일반적으로 스프린트 회고를 통해 나온 정보는 엄청난 가치가 있다. 영업 관리자가 개발자를 영업 미팅에 '기술 전문가'로 불쑥불쑥 데려가기 때문에 이 팀이 집중하는데 어려움을 겪고 있는가? 이것은 중요한 정보다. 다른 팀들도 같은 문제가 있지는 않을까? 제품 관리팀을 더 교육해서 그들이 직접 영업팀을 지원할 수 있게끔 해야 하지 않을까?

스프린트 회고는 지금 이 팀이 당장 다음 스프린트에 일을 더 잘 할 수 있는 방법에만 국한되지 않고 더 폭넓은 의미를 내포한다.

그것을 다루기 위한 우리의 전략은 매우 간단하다. 누군가 한 사람(이런 경우에는 내가)을 정해 모든 스프린트 회고에 참석하게 하여 지식의 교량 역할을 수행하는 것이다. 아주 비공식적으로.

다른 대안으로 각각의 스크럼 팀이 스프린트 회고 회의록을 작성하게 할 수도 있을 것이다. 그러나 회의록 작성에 노력을 기울여 봤지만 문서를 읽는 사람이 그리 많지 않았고 그 중에서도 소수의 인원만 문서대로 할 뿐이었다. 그래서 우리는 이 방법 대신 간단한 방법을 따른다.

'지식의 교량' 역할을 하는 사람에게 중요한 규칙들:
- 남의 말을 잘 들어주는 사람이어야 한다.
- 회고가 너무 조용히 진행되면, 그룹 내에서 활발한 토의를 유발할

수 있게 간단하지만 좋은 질문들을 던질 준비가 되어 있어야 한다. 예를 들어, "여러분이 시간을 되돌려서 이번 스프린트를 1일 차부터 다시 할 수 있다면 다르게 진행하고 싶은 것은 무엇인가요?"
- 전체 팀의 모든 회고에 참석하여 기꺼이 시간을 보낼 수 있어야 한다.
- 어느 정도의 권한을 위임 받은 사람으로, 팀이 직접 통제할 수 없는 개선 의견을 실행에 옮길 수 있어야 한다.

이 방법이 아주 효과적이긴 하지만 훨씬 더 나은 다른 방법도 있을 것이다. 혹 그런 방법이 있으면 나에게도 알려 주면 좋겠다.

바꿀 것인가 바꾸지 않을 것인가

팀이 다음과 같이 결론을 내렸다고 치자. "팀 내 의사소통이 너무 부족해서 우리끼리 서로에게 문제를 일으키고 서로의 설계를 망치고 있어요".

여러분은 어떻게 해야 할까? 일일 설계회의를 도입할 것인가? 의사소통을 도와줄 새로운 도구를 도입할 것인가? 위키 페이지를 더 추가할 것인가? 글쎄.. 그럴 수도 있다. 그러나 또 한편으로는 그러지 않을 수도 있다.

많은 사례를 통해서, 우리는 단지 문제를 명확하게 식별하는 것만으로도 다음 스프린트에서 문제가 저절로 해결되기에 충분하다는 것을 깨달았다. 특히 여러분이 스프린트 회고 내용을 팀방 벽면에 붙여놓는다면 말이다(창피하게도 우리가 늘 잊어버리는 일이다). 여러분이 시도하려는 변화는 늘 비용이 따르기 마련이다. 따라서 변화를 시도하기 전에 우선은 아무것도 하지 않으면서도 문제가 자연스럽게 없어지기를(혹은 줄어들기를) 기다리는 것도 고려해 볼 일이다.

앞서 언급했던 사례('팀 내 의사소통이 너무 부족해서...')는 아마 아무것도 하지 않고도 문제를 가장 잘 해결하는 전형적인 예일지 모른다.

여러분이 매번 누군가가 불평할 만한 새로운 변화를 몰고 온다면 사람들은 사소한 문제들이 있어도 드러내기를 꺼려하게 될 것이다. 이것이 더 심각한 문제이다.

회고 중에 드러날 수 있는 사례들
스프린트 회고를 하는 동안 드러나는 몇 가지 전형적인 사례와 대응방법을 살펴보자.

> "스토리를 하부 항목과 작업으로 세분화하는 데
> 더 많은 시간을 들였어야 했어요."

이것은 아주 일반적인 사례다. 일일 스크럼 회의에서 팀원들은 매일 "정말로 오늘 무얼 해야 할지 모르겠어요"라고 말하는 자신을 발견한다. 그래서 일일 스크럼 회의를 마친 후에 매번 구체적인 작업을 찾느라 시간을 쏟는다. 그래서 대개는 이런 세분화 작업을 앞 단계에서 수행하는 것이 더욱 효과적이다.

전형적인 조치 : 없음. 팀은 다음 스프린트 계획회의에서 자체적으로 이 문제를 해결하려 할 것이다. 만약 이 같은 경우가 여러 차례 되풀이된다면 스프린트 계획회의 시간을 늘린다.

> "외부 방해가 너무 많아요."

전형적인 조치 :
- 팀이 다음 스프린트의 집중도를 낮추어 더 현실적인 계획을 세울 수

있도록 한다.
- 팀이 다음 스프린트에는 방해요인들을 더 자세히 (누가 방해했는지, 시간을 얼마나 빼앗겼는지 등) 기록하도록 한다. 나중에 문제를 더 쉽게 해결할 수 있을 것이다.
- 팀의 '골키퍼' 역할을 할 사람을 한 명 지정하도록 한다. 모든 방해와 간섭이 그 사람을 거치게 하여, 다른 팀원들이 집중할 수 있게 한다. 스크럼 마스터가 맡거나 돌아가면서 맡을 수 있을 것이다.

"지나친 약속을 했었어요. 절반밖에 완료하지 못했어요."

전형적인 조치 : 없음. 팀은 다음 스프린트에 지나친 약속을 하지 않을 것이다. 아니면 최소한 이번처럼 심하게 지나친 약속은 하지 않을 것이다.

"우리 사무실이 너무 시끄럽고 지저분해요."

전형적인 조치 :
- 나은 환경을 조성해 보거나 팀을 다른 곳으로 이전해보라. 호텔 방이든 어디든 빌려라. (67페이지 「팀방 꾸미기」참고)
- 그것이 불가능하다면, 팀이 다음 스프린트에 집중도를 낮추도록 하고 그 이유가 소음이 많고 지저분한 환경 때문이라는 점을 명확히 기술하게 하라. 운이 좋다면 제품 책임자가 상위 관리자에게 항의하도록 할 수 있을 것이다.

다행스럽게도 나는 다른 곳으로 팀을 옮겨야만 하는 상황까지 가본 적이 없다. 하지만 그래야 한다면 그렇게 하겠다.

Scrum and XP from the Trenches

11

스프린트 사이의 휴식 시간

현실에서 항상 전력질주(스프린트)만 할 수는 없다. 전력질주 사이에 휴식을 취해야 한다. 여러분이 늘 전력질주를 하고 있다면 실제로는 조깅하는 것일 뿐이다.

이것은 스크럼과 소프트웨어 개발에서도 마찬가지다. 스프린트는 매우 격렬하다. 개발자로서 여러분은 진정한 휴식을 절대 취하지 못하면서 매일 넌더리 나는 회의에 참석하여 어제 한 일을 모든 이에게 이야기해야 한다. "저는 하루 종일 책상에 발을 올려놓고 카푸치노를 마시면서 블로그를 돌아다녔습니다."라고 말할 수 있는 사람들은 거의 없을 것이다.

휴식 그 자체의 필요성 이외에도 스프린트 사이에 약간의 여유를 두는 데에는 또 다른 큰 이유가 있다. 스프린트 데모와 회고를 끝낸 후에 팀과 제품 책임자 모두에게는 정리할 정보와 아이디어들로 넘쳐날 것이다. 만약 이 상태에서 곧장 다음 스프린트 계획회의를 시작한다면, 정보와 교훈들을 되새길 수 있는 기회를 잃게 될 것이다. 가령 제품 책임자는 스프린트 데모 이후에 우선순위를 조정할 시간을 가질 수 없게 된다.

나쁨

월요일
09-10 : 스프린트 1 데모
10-11 : 스프린트 1 회고
13-16 : 스프린트 2 계획회의

우리는 새로운 스프린트를 시작하기에 앞서(더 구체적으로 스프린트 회고와 다음 스프린트 계획회의 **사이**에) 얼마의 휴식을 가지려고 한다. 하지만 늘 성공한 것은 아니다.

아무리 못해도 우리는 스프린트 회고와 후속 스프린트 계획회의가 같은 날에 진행되는 일은 반드시 피하려고 한다. 모든 사람들이 새로운 스프린트를 시작하기 전에 적어도 하룻밤은 스프린트 걱정 없이 단잠을 자야만 한다.

좋음

월요일	화요일
09-10 : 스프린트 1 데모 10-11 : 스프린트 1 회고	9-13 : 스프린트 2 계획회의

더 좋음

금요일	토요일	일요일	월요일
09-10 : 스프린트 1 데모 10-11 : 스프린트 1 회고			9-13 : 스프린트 2 계획회의

이렇게 하는 한 가지 방법은 '랩 데이(lab day)'(그것을 뭐라고 부르든 상관없다)이다. 랩 데이는 개발자들이 하고 싶은 일이라면 무엇이든지 하도록 허가해주는 날이다. (좋다. 구글에서 영감을 받았다는 걸 시인한다.) 예를 들어 최신 도구와 API들을 살펴보거나, 자격증을 준비하고, 동료들과 광적인 토론을 벌인다든

지, 취미 프로젝트 코딩을 할 수도 있다.

우리의 목표는 각각의 스프린트 사이에 하루의 랩 데이를 확보하는 것이다. 그렇게 되면 스프린트 사이에 당연하게 휴식을 취할 수 있고, 여러분은 실제로 최신 지식을 항시 보유하고 있는 개발팀과 일하게 될 것이다. 더불어 이것은 직원 복지로도 꽤 매력적이다.

최선?

목요일	금요일	토요일	일요일	월요일
09-10 : 스프린트 1 데모 10-11 : 스프린트 1 회고	랩 데이			9-16 : 스프린트 2 계획 회의

현재 우리는 한 달에 한 번 랩 데이를 연다. 구체적으로 매달 첫 번째 금요일을 지정할 수 있다. 스프린트 사이에 하지 않고 왜 이렇게 할까? 글쎄.. 회사 전체가 같은 날 랩 데이를 갖는 것이 중요하다고 생각했기 때문이다. 그렇지 않으면 사람들이 휴식을 취하는 것을 불안하게 받아들이는 경향이 있다. 그리고 우리는 모든 제품의 스프린트 스케줄을 (아직까지는) 전부 일치시키지 않았기 때문에, 스프린트 사이가 아니라 스프린트와 무관한 랩 데이를 택할 수밖에 없었다.

우리는 언젠가 모든 제품의 스프린트 스케줄을 동기화하려고 한다(즉, 모든 제품과 팀 스프린트의 시작일과 종료일이 동일하게 말이다). 그러면 각각의 스프린트 사이에 랩 데이를 할 수 있을 것이다.

Scrum and XP from the Trenches

12

고정 가격 계약 하에서 릴리스 계획하기

종종 우리는 한 번에 하나 이상의 스프린트를 내다보고 계획을 세워야 할 필요가 있다. 이렇게 앞을 내다보고 **계획**해야 하는 경우는 전형적으로 고정 가격 계약[1] 하에서인데, 만일 그렇게 하지 않으면 납기를 못 맞추는 리스크를 떠안고 싸인(계약) 하는 꼴이 된다.

통상, 우리에게 있어서 릴리스 계획은 "이 새로운 시스템의 1.0 버전을 **늦어도 언제까지** 납품할 수 있을까?"라는 질문에 대해 답하려는 시도다.

만약 여러분이 릴리스 계획에 대해 **정말로** 알고 싶다면, 이 장을 건너뛰고 대신 마이크 콘의 책 『Agile Estimating and Planning』을 사 보라고 말하고 싶다. 내가 그 책을 좀더 일찍 읽지 못한 것이 정말로 아쉽다(나는 경험으로 터득한 **후에야** 그 책을 읽게 되었다). 내가 소개하는 릴리스 계획 방식은 다소 단순화한 측면이 있긴 하지만 좋은 출발점이 될 수 있을 것이다.

---

1 (옮긴이) 인사이트가 출간한 『린 소프트웨어 개발』의 248쪽 '고정 가격 계약'을 참고하라.

허용 기준 정의하기

일반적인 제품 백로그에는 제품 책임자가 **허용 기준** 목록을 정의하는데, 허용 기준은 제품 백로그에서 중요도에 따라 간단히 분류한 것으로 실제로는 계약과 같은 의미를 갖는다.

다음은 허용 기준 규칙의 예이다.

- 중요도 >= 100인 모든 항목은 **반드시** 버전 1.0에 포함되어야 하고, 그렇게 못하면 우리는 죽는다.
- 중요도 50 ~ 99인 모든 항목은 버전 1.0 에 포함되어야 하지만 바로 다음 릴리스에 넣을 수 있다면 **미룰 수도 있다**.
- 중요도 25 ~ 49인 항목은 필요하긴 하지만 다음 1.1 릴리스에 끝낼 수 있다.
- 중요도 < 25 인 항목들은 확실치 않거나 전혀 필요하지 않을지도 모른다.

그리고 다음은 앞서 기술한 규칙에 의거하여 색깔을 칠한 제품 백로그 사례다.

빨강 = 버전 1.0 에 **반드시** 포함되어야 함 (바나나 - 배)

노랑 = 버전 1.0 에 포함되었으면 함 (건포도 - 양파)

녹색 = 지연되어도 됨 (자몽 - 복숭아)

따라서 우리가 바나나에서 양파까지 모든 것들을 일정 내에 전달한다면 우리는 안전하다. 시간이 촉박해지면 건포도, 땅콩, 도넛, 양파 등은 뺄 수도 있다. 양파 아래에 있는 것들은 전부 보너스다.

중요도	이름
130	바나나
120	사과
115	오렌지
110	구아바
100	배
95	건포도
80	땅콩
70	도넛
60	양파
40	자몽
35	파파야
10	블루베리
10	복숭아

가장 중요한 항목들의 시간 추정하기

릴리스 계획을 하기 위해서는 제품 책임자가 적어도 계약서 상에 포함된 모든 스토리에 대해 추정을 해야 한다. 스프린트 계획을 할 때와 마찬가지로 제품 책임자와 팀이 서로 협력해야 한다. 팀은 추정하고 제품 책임자는 항목을 설명하며 질문에 답한다.

시간 추정의 **가치**를 따지자면 그것이 실제와 근접했을 때 가장 높을 것이고, 30% 정도 차이가 나더라도 어느 정도 가치 있다고 할 수 있을 것이다. 하지만, 현실과 전혀 동떨어져 있을 경우에는 쓸모가 없다.

아래 그림은 내가 경험한 사례로, 누가 추정했는지에 따라 추정에 들인 시간과 시간 추정의 가치가 어떠했는지를 보여주고 있다.

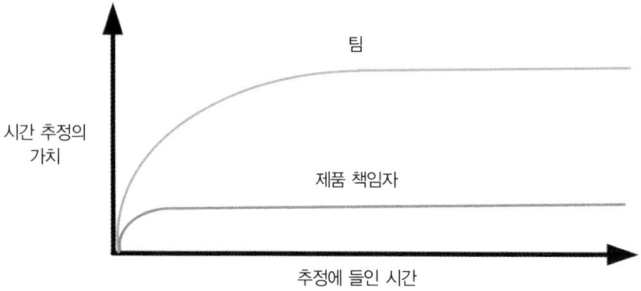

장황하게 이야기할 것을 요약하면 다음과 같다:

- **팀**이 추정하게 하라.
- 너무 많은 시간을 들이지 않게 하라.
- 시간 추정은 **단순하고 완벽하지 않은 단지 추정일 뿐**이며, **확정은 아니라는** 것을 이해시켜라.

일반적으로 제품 책임자는 전체 팀을 한 방에 모으고 다과를 제공하며, 팀원들에게 이 회의의 목적은 제품 백로그에 있는 (예를 들면) 상위 20개의(몇 개가 되든) 스토리들의 시간을 추정하는 것이라고 말한다. 제품 책임자는 그 방에 머물면서 질문에 답해주고 필요하다면 각 항목의 범위를 명확하게 해준다. 스프린트 계획을 수립할 때와 마찬가지로 '어떻게 데모할 것인가?' 항목은 오해의 위험을 줄이는 데 매우 유용한 방법이다.

이 회의는 반드시 시간을 엄격히 준수해야 한다. 그렇지 않으면 팀은 적은 스토리를 추정하는 데 너무 많은 시간을 허비하곤 한다.

만약 제품 책임자가 시간을 더 들이고 싶다면, (시간을 늘리지 않고) 간단히 다음 회의 일정을 잡는다.

팀은 회의 참석으로 인해 현재 스프린트가 영향을 받는다는 사실을 제품 책임자에게 반드시 확인시켜, 시간 추정 작업이 공짜로 이루어지지 않는다는 것을 이해시켜야 한다.

다음은 시간 추정의 최종 모습을 보여주는 예다.(추정치는 스토리 포인트임)

중요도	이름	추정
130	바나나	12
120	사과	9
115	오렌지	20
110	구아바	8
100	배	20
95	건포도	12
80	땅콩	10
70	도넛	8
60	양파	10
40	자몽	14
35	파파야	4
10	블루베리	
10	복숭아	

속도 추정하기

자, 이제 가장 중요한 스토리들에 대한 단순하고 완벽하지 않은 시간 추정치를 정했다. 다음 단계는 스프린트 당 우리의 평균 속도를 추정하는 것이다. 이제 우리의 집중도(focus factor)를 결정해야 한다는 의미이다. 27쪽부터 나오는 '팀이 스프린트에 포함시킬 스토리를 결정하는 방법'에 대한 내용을 참고하라.

집중도는 '팀이 가진 시간 중에서 어느 정도를 현재 달성하기로 약속한 스토리에 쓰는가?'이다. 이 값은 절대 100%가 될 수 없다. 계획에도 없던 일의 수행, 작업 전환, 다른 팀 돕기, 이메일 확인, 고장 난 컴퓨터 수리, 휴게실에서 정치토론하기 등을 하느라 팀이 가진 시간을 잃게 되기 때문이다.

이 팀의 집중도를 50%(꽤 낮은 값이다. 우리의 경우는 주로 70% 언저리다)로 정했다고 치자. 그리고 스프린트 길이는 3주(15일)에 팀원은 6명이다.

그럼 각 스프린트는 90맨-데이만큼 되겠지만(50% 집중도를 고려하여) 45맨-데이에 해당하는 스토리만 완료할 것으로 예상된다. 따라서 우리가 추정한 속도는 45 스토리 점수이다.

각 스토리의 시간 추정이(실제로는 그렇지 않지만) 5일이라고 한다면 이 팀은 스프린트당 9개 정도의 스토리를 완료할 수 있을 것이다.

전부 합쳐 릴리스 계획 만들기

지금까지 시간 추정을 했고 속도(45)도 구했으니 이제 제품 백로그를 여러 개의 스프린트로 쉽게 나눌 수 있다.

중요도	이름	추정
스프린트 1		
130	바나나	12
120	사과	9
115	오렌지	20
스프린트 2		
110	구아바	8
100	배	20
95	건포도	12
스프린트 3		
80	땅콩	10
70	도넛	8
60	양파	10
40	자몽	14
스프린트 4		
35	파파야	4
10	블루베리	
10	복숭아	

각 스프린트는 추정 속도인 45를 넘지 않는 선에서 가능한 많은 스토리를 포함한다.

이제 '필수' 항목과 '희망' 항목을 모두 완료하는 데 3번의 스프린트가 필요할 것이라는 것을 알 수 있다. 스프린트 3번 = 달력상의 9주 = 달력상의 2달. 자, 이것이 우리가 고객과 약속한 마감 날짜인가? 답은 순전히 계약의 성격, 말하자면 범위가 얼마나 고정적인가 등에 따라 달라진다. 일반적으로 우리는 시간 추정이 맞지 않다거나 예상치 못한 문제, 예상치 못한 기능 추가 등에 대비하여 상당 기간의 여유를 보탠다. 결국 이 경우에 1개월의 '여분'을 두어, 납품 날짜를 3개월 뒤로 정하는데 합의할 수 있다.

훌륭한 점은 우리가 3주마다 고객이 사용할 수 있는 기능을 데모하고, 고객으로 하여금 진행 중에도 요구사항을 변경할 수 있도록 한다는 점이다. (물론 계약의 형태에 따라 달라진다.)

릴리스 계획을 현실에 맞추기

현실이 계획에 맞춰주지는 않으므로 계획을 현실에 맞출 수밖에 없다.

매 스프린트가 끝나고 나면 우리는 그 스프린트의 실제 속도를 알게 된다. 실제 속도가 추정했던 속도와 현격히 차이 난다면 우리는 다음 스프린트의 추정 속도를 다시 구하고 릴리스 계획을 수정한다. 이것이 어려울 때는 제품 책임자가 고객과 협상에 들어가거나 계약을 어기지 않는 선에서 범위를 줄일 수 있는지 살펴볼 수 있다. 혹은 제품 책임자와 팀이 스프린트에서 발견된 심각한 장애물을 제거하는 식으로 속도를 높이거나 집중도를 증가시킬 수 있는 다른 방법을 강구할 수도 있다.

제품 책임자는 고객을 불러 이렇게 말할 것이다. "안녕하세요. 지금 일정이 약간 뒤처져 있지만, 빌드 시간을 많이 잡아먹는 '내장 팩맨' 기능을 제거하기만 하면 마감 날짜에 맞출 수 있을 거라고 생각합니다. 그 기능이 꼭 필요하다면 첫 번째 릴리스를 하고 나서 3주 뒤에 있을 다음번 릴리스에 추가할 수 있습니다."

고객에게 좋지 않은 소식이긴 하지만, 적어도 우리는 정직한 태도를 견지하면서, 가장 중요한 기능만이라도 제때에 전달할지 아니면 좀 늦더라도 모든 기능을 함께 전달할지에 대해 고객에게 일찍 선택권을 주는 셈이다. 일반적으로 이것은 어려운 선택이 아니다.

Scrum and **XP** from the Trenches

스크럼과 XP 결합하기

스크럼과 XP(익스트림 프로그래밍)를 효과적으로 결합할 수 있다라는 말은 실제로 논쟁의 여지가 없다. 인터넷에 있는 많은 자료들이 이 가설을 지지하고 있으니 내가 굳이 그 이유를 설명하는 데 시간을 허비할 이유가 없을 것 같다.

하지만 이것 하나는 언급하고자 한다. 스크럼은 관리 및 조직적 실천법에 집중하는 반면 XP는 거의 대부분 실제 프로그래밍 실천법에 집중한다. 각각이 다른 영역을 다루면서 서로를 보완해 주는 것, 그것이 바로 두 방법론이 잘 들어맞는 이유다.

나는 여기서 스크럼과 XP가 효과적으로 결합될 수 있다는 기존의 경험적 증거에 내 목소리를 보태려 한다.

XP 실천법 중에서도 보다 유익한 것들을 일부 강조하고 그 실천법들이 매일 진행되는 우리들 업무에 어떤 식으로 적용되는지 이야기할 것이다. 모든 팀들이 모든 실천법을 채택할 수는 없었지만 전체적으로 보면 XP와 스크럼의 조합이 만들어낼 수 있는 대부분의 상황들은 실험해 보았다. 어떤 XP 실천법은 스크럼에서도 직접적으로 언급되기 때문에 중복된다고 볼 수 있다.

'전체 팀' '함께 앉기' '스토리' '계획 게임' 등이 그러하다. 이러한 경우에 우리는 그냥 스크럼을 따랐다.

짝 프로그래밍

이 실천법은 최근에 우리 팀들 중 한 팀에서 시작했다. 실제로 정말 효과가 좋았다. 다른 대부분의 팀에서는 아직 짝 프로그래밍을 별로 하지 않고 있고, 아직까지 딱 한 팀만 몇 번의 스프린트 동안에 실시했을 뿐이지만, 더 많은 팀들에게 시도해 보라고 지도할 만큼 고무되었다.

지금까지 짝 프로그래밍에 대해 내린 결론은 다음과 같다.
- 짝 프로그래밍은 코드 품질을 향상시킨다.
- 짝 프로그래밍은 팀이 집중을 더 잘 할 수 있게 한다. (어떤 동료가 등 뒤에서 여러분에게 "이봐, 저 기능이 이번 스프린트에 정말 필요한 거야?"라고 말하는 경우를 생각해보라.)
- 놀랍게도 짝 프로그래밍을 실제로 경험해 보지도 않고서 강하게 거부하던 개발자들 중의 상당수가 한번 해 보고 나서는 금방 좋아하게 된다.
- 자주 짝을 바꾸는 것이 좋다.
- 짝 프로그래밍은 조직 내 지식 확산을 촉진시킨다. 놀라울 정도로 빠르다.
- 사람들 중에는 짝 프로그래밍이 그냥 불편한 사람이 있다. 짝 프로그래밍을 불편해 한다는 이유만으로 우수한 프로그래머를 버리지는 마라.
- 코드 리뷰는 짝 프로그래밍의 좋은 대안이다.
- '항해자'(키보드를 가지고 있지 않은 사람) 역시 자기 컴퓨터를 가지고 있어야 한다. 개발을 하기 위해서가 아니라, 필요할 때 작은 스파이크(spike)를 해 보거나 '운전자'(키보드를 가진 사람)가 막히게 되었을 때 관련 문서 등을 살펴보기 위해서다.

- 사람들에게 짝 프로그래밍을 강요하지 마라. 분위기를 조성하고 적당한 도구를 제공하되 그들 스스로 자신들의 속도에 맞춰 실험하게끔 하라.

테스트 주도 개발(TDD)

그렇다! 나에게 TDD는 스크럼과 XP 둘을 합친 것보다 더 중요하다. 여러분이 나에게서 내 집, 내 TV, 내 강아지를 가져갈 수는 있어도, TDD를 멈추게 할 수는 없다. 여러분이 TDD를 좋아하지 않는다면 나를 들여보내지 마라. 왜냐하면 내가 어떻게든 TDD를 몰래 들고 들어갈테니. ☺

10초만에 TDD를 요약하자면,

> 테스트 주도 개발은 여러분이 자동화된 테스트를 하나 작성하고, 그 테스트를 딱 통과할 만큼의 코드를 작성한 다음, 주로 가독성을 높이고 중복을 제거하기 위해 코드를 리팩터링하는 것이다. 썻어내고 반복하라.

테스트 주도 개발에 대한 소감을 몇 개 소개한다.
- TDD는 **어렵다**. 프로그래머가 **제대로** 이해하려면 시간이 걸린다. 사실, 여러분이 얼마나 많이 가르치고 지도하고 데모를 보여 주는가는 아무 소용이 없는 경우가 많다. 프로그래머가 TDD를 제대로 이해하게끔 하는 유일한 방법은 TDD에 능숙한 다른 사람과 짝 프로그래밍을 해 보도록 하는 것일 때가 많다. 하지만 일단 제대로 이해하고 나면 그 프로그래머는 대개 심각하게 중독되어 절대 다른 어떤 방법으로도 바꾸길 원치 않게 된다.
- TDD는 시스템 설계에 진정으로 긍정적인 영향을 미친다.
- 새 제품에 TDD가 제대로 돌아가기까지는 시간이 걸린다. 특히 블랙

박스 통합 테스트를 해야 하는 경우가 그렇다. 하지만 투자에 대한 이득은 **빠르게** 나타난다.
- 테스트를 **쉽게** 작성할 수 있도록 필요한 시간을 투자해야 한다. 이는 적절한 도구를 구하고, 사람들을 교육하고, 필요한 유틸리티 클래스나 기반 클래스를 제공하는 등의 일을 의미한다.

우리가 테스트 주도 개발을 하면서 사용한 도구들은 다음과 같다.
- JUnit/HttpUnit/JWebUnit : 이밖에 TestNG나 Selenium도 고려하고 있다.
- HSQLDB : 테스트에 사용하는 내장 메모리 DB.
- 제티(Jetty) : 테스트에 사용하는 내장 메모리 웹 컨테이너.
- 코버투라(Cobertura) : 테스트 커버리지 분석 도구.
- 스프링 프레임워크 : 목(mock)을 사용하는 것, 사용하지 않는 것 그리고 외부 데이터베이스가 필요한 것, 내장 데이터베이스를 사용하는 것 등 여러 가지 종류의 테스트 픽스처를 연동하는 데 사용.

테스트 주도 개발의 관점에서 우리에게 가장 복잡하고 어려운 작업은 자동화된 블랙박스 인수 테스트이다. 이러한 테스트는 데이터베이스와 웹서버를 포함한 전체 시스템을 기동시키고 HTTP와 같이 외부에 공개된 인터페이스만을 이용하여 시스템에 접근한다.

이를 통해 개발-빌드-테스트를 극단적으로 빠르게 할 수 있다. 개발자들이 자주 리팩터링을 할 수 있게 자신감을 부여하는 안전망 역할을 하기도 한다. 이는 곧 시스템이 성장하면서도 설계가 계속 깔끔하고 단순하게 유지되는 것을 의미한다.

새 코드에 TDD하기

우리는 새로 시작하는 모든 것들을 TDD로 개발한다. 설령(도구가 더 필요하고 테스트 장비 같은 것도 갖춰야 하므로) 초기 프로젝트를 구축하는 데 더 많은 시간이 걸리더라도... 그러한 결정은 고민할 것도 없다. 얻게되는 이득이 정말 크기 때문에 TDD를 **하지 않겠다**는 핑계는 있을 수 없다.

오래된 코드에 TDD하기

TDD는 어렵다. 더구나 처음부터 TDD로 개발되지 않은 코드 베이스를 가지고 TDD를 하기란 정말 **끔찍하게 어렵다**. 왜 그럴까? 글쎄.. 사실 나는 이 주제만으로도 여러 장을 써 내려갈 수도 있지만 여기서 멈출 생각이다. 그 이야기는 다음에 쓸 『TDD from the Trenches』를 위해 남겨놓겠다.

좀 복잡한 시스템의 통합 테스트를 자동화하느라 꽤 많은 시간을 쏟은 적이 있다. 코드베이스는 긴 시간을 거치면서 심각하게 엉망인 상황이었고 테스트라고는 전혀 없었다.

시스템을 출시할 때마다 우리는 온갖 복잡한 회귀 테스트와 성능 테스트를 실시할 전담 테스터로 구성된 팀이 있어야 했다. 회귀 테스트는 대부분 수작업으로 행해졌다. 이것이 우리의 개발 및 출시 주기를 늦추는 주요 원인이었다. 우리 목적은 이 테스트들을 자동화하는 것이었다. 몇 달 동안 골머리를 썩혔지만 여전히 자동화 근처에도 가지 못했다.

그런 다음 접근 방법을 바꾸었다. 우리가 수작업 회귀 테스트에서 막혀있다는 사실을 인정하고, 대신 우리 자신에게 "수작업 테스트 과정에서 낭비 시간을 줄이려면 어떻게 해야 할까?"라는 질문을 던지기 시작했다. 그 시스템은 게임 시스템이었고, 우리는 테스트 팀이 아주 사소한 설정 작업들을 하느라 대부분의 시간을 쓴다는 사실을 파악했다. 백오피스에 접근하여 테스트용 토너먼트 표를 설정하거나, 예정된 토너먼트가 시작되길 기다리는 등의 작업이었다. 그래서 우리는 그 작업들을 위한 유틸리티를 만들었다. 작지만 쉽게 접근할 수 있는 단축키를 제공하고, 스크립트로 지저분한 일을 모두 처리해 줌으로써 테스터들이 진짜 테스팅 작업에만 전념할 수 있게 했다.

그 노력은 정말 효과를 봤다! 사실 그 일이 애초에 우리가 했어야 하는 일이었는지도 모른다. 우리는 테스트를 자동화하는 데만 너무 매달려서 차근차근 한 단계씩 진행해야 한다는 점을 잊고 있었다. 그 첫 단계는 바로 **수작업** 테스트를 더 효율적으로 할 수 있게 도와주는 기능들을 만드는 것이었다.

교훈: 여러분이 수작업 회귀 테스트를 해야 하는 상황에서 어려움을 겪어 자동화하기를 원한다면, (그것이 정말 쉽지 않은 다음에야) 그렇게 하지 마라. 대신에 수작업 회귀 테스트를 더 쉽게 할 수 있도록 도와주는 기능을 만들어라. 그런 다음 실제 테스트의 자동화를 고려해라.

점증적 설계

점증적 설계는 처음부터 설계를 단순하게 유지하면서 지속적으로 개선해나가는 것을 의미한다. 처음부터 완전한 설계를 만들고 고치지 못하게 하는 것과는 다르다.

우리는 이것을 꽤 잘 하고 있다. 다시 말해, 적당한 시간을 들여 리팩터링을 해서 기존 설계를 향상시킨다. 사전에 지나친 설계를 하느라 시간을 보내는 경우는 거의 없다. 물론 우리도 가끔은 제대로 못하는 경우가 있는데, 예를 들자면 불확실한 설계를 심각한 수준이 될 때까지 내버려뒀다가 리팩터링 자체가 큰 일이 되는 경우이다. 하지만 대체적으로 우리는 충분히 만족스럽다.

지속적인 설계 개선은 대부분 TDD를 실시함으로써 자동으로 얻어지는 부수 효과다.

지속적 통합

우리 제품의 대부분은 메이븐(Maven)과 퀵빌드(QuickBuild)로 구축된 꽤 정교한 지속적 통합 시스템에 물려있다. 이 방법은 매우 유용하며 시간을 아껴준다. 오랫동안 따라다닌 "어, 하지만 제 컴퓨터에서는 잘 돌아가는데요."라는 문제의 궁극적인 해법이기도 하다. 지속 빌드 서버가 우리 코드 베이스의 건강 상태를 판단할 수 있는 참조 지점으로서 마치 '심판관'의 역할을 한다. 누군가가 버전 관리 시스템에 체크인할 때마다 지속 빌드 서버가 깨어나서 공용 서버에서 모든 것을 깨끗한 상태로 빌드하고 모든 테스트를 실행한다. 문제가 생기면 시스템은 빌드 실패를 일으킨 코드 변경 사항과 테스트 실행 결과 등의 정보를 포함한 이메일을 전체 팀원에게 보낸다.

매일 밤 지속 빌드 서버는 깨끗한 상태부터 전체를 다시 빌드하고 이진 파일(ear, war 등), 문서, 테스트 보고서, 테스트 커버리지 보고서, 의존성 보고서(dependency report) 등을 내부 문서 포털 시스템에 전송하여 공개되도록 한다. 어떤 제품들은 테스트 환경에 자동으로 배포되기도 한다.

이렇게 설정하느라 **정말 많은 노력**이 들어갔지만 그만한 가치가 있는 일이었다.

코드 공동 소유

코드 공동 소유를 장려하고 있지만 아직까지 모든 팀이 받아들이지는 않고 있다. 우리는 짝을 자주 바꾸는 짝 프로그래밍을 하게 되면 자동적으로 높은 수준의 코드 공동 소유가 가능해지는 것을 알게 되었다. 높은 수준의 코드 공동 소유가 이뤄지고 있는 팀들은 상당히 견고하다는 것이 증명되었는데, 이런 팀들은 핵심이 되는 누군가가 아프다고 해서 스프린트가 중단되는 일은 없다.

정보가 가득한 작업 공간

모든 팀은 화이트보드와 빈 벽면 공간을 사용할 수 있는데, 다들 꽤 잘 활용하고 있다. 대부분의 방에서 제품과 프로젝트에 관한 온갖 정보들이 벽면 가득히 더덕더덕 붙어 있는 것을 볼 수 있을 것이다. 제일 큰 문제는 오래된 쓸모 없는 것들이 벽면에 계속 쌓여간다는 것이다. 이 문제를 다루기 위해 각 팀마다 '가정부' 역할을 한 명 씩 두는 방법이 있다.

우리는 작업 현황판의 사용을 장려하고 있지만, 아직 받아들이지 않은 팀들이 있다. 67쪽의 「팀방 꾸미기」를 참고하라.

코딩 표준

우리는 최근에 코딩 표준을 정의하기 시작했다. 상당히 유용해서 좀더 일찍 시작했더라면 좋았을 것이라는 생각도 한다. 정의하는 데 걸리는 시간도 아주 짧다. 그냥 간단하게 시작해서 확장해 나가면 된다. 모두가 명확하지 않은 내용만 작성해놓고 다른 관련 문서가 완성되는 대로 해당 문서를 연결시키도록 하라.

대부분의 프로그래머는 자신만의 독특한 코딩 스타일이 있다. 예외 처리를 하는 방법이나 주석을 다는 방법, null 값을 반환하는 기준 등과 같은 작은 세부 사항들이 그것이다. 이런 차이가 중요하지 않은 경우도 있지만, 시스템 설계의 일관성을 심각하게 저해한다거나 코드의 가독성을 떨어뜨리기도 한다. 코딩 표준은 이런 경우에 매우 유용하다. 정말 중요한 것에만 집중한다면 말이다.

우리 코딩 표준의 예를 몇 가지 보여주겠다.

- 다음 규칙을 따르지 않을 수 있지만, 그럴 경우 꼭 정당한 이유가 있어야 하며 이를 기록으로 남겨야 한다.
- 기본적으로 썬 사의 코딩 관례를 따른다. (http://java.sun.com/docs/codeconv/html/CodeConvTOC.doc.html)

- 스택 트레이스를 로그로 남기거나 다시 throw 하지 않을 때는 절대로 예외를 catch하면 안된다. log.debug()가 좋다. 스택 트레이스를 잃어 버리지만 않으면 된다.
- 클래스들의 결합을 느슨하게 할 때는 세터(setter) 기반의 의존성 주입 기법을 사용하라. (물론 강한 결합이 필요한 경우에는 예외로 한다.)
- 축약어를 사용하지 마라. DAO처럼 잘 알려진 축약어는 괜찮다.
- 콜렉션이나 배열을 반환하는 메소드가 null 값을 반환하면 안된다. null 값 대신 빈 콜렉션이나 배열을 반환하라.

지속 가능한 속도 / 활기 넘치는 작업

애자일 소프트웨어 개발을 다루는 많은 책에서 소프트웨어 개발의 경우 장기간 초과 근무가 생산성을 저해한다고 주장한다.

본의 아니게 이 주장에 대해 몇 가지 실험을 해본 나로서는 전적으로 동의할 수밖에 없다!

일 년 전쯤에 어느 한 팀(제일 큰 팀이었다)에서 믿을 수 없을 정도의 초과 근무를 하고 있었다. 기존 코드 베이스의 품질은 끔찍한 수준이었고 그들은 발등에 떨어진 불을 끄는 데 거의 대부분의 시간을 쏟아 부어야만 했다. 테스트 팀(역시 초과 근무를 하고 있었다)은 정상적인 품질 보증 활동은 생각할 수도 없었다. 사용자들은 화가 나 있었고 우리를 산채로 잡아먹을 듯한 험악한 소문들이 쏟아져 나왔다.

몇 달이 지나서야 겨우 사람들의 작업 시간을 적정 수준으로 줄일 수 있었다. 사람들은 (가끔 프로젝트가 시급한 상황일 때는 제외하고) 보통 수준의 시간만 근무했다. 그런데 놀랍게도 생산성과 품질이 눈에 띄게 향상되었다.

물론 작업 시간을 줄인 것이 그러한 향상을 가져온 여러 원인들 중에서 **단지 하나**일 뿐이겠지만, 우리는 모두 그것이 큰 영향을 끼쳤다고 확신한다.

Scrum and XP from the Trenches

14

테스트 하기

이제 가장 어려운 부분이다. 스크럼에서 가장 어려운 부분인지, 아니면 원래 소프트웨어 개발에서 가장 어려운 부분인지는 모르겠다.

아마도 테스트는 조직마다 그 편차가 가장 심한 부분일 것이다. 테스터가 몇 명이나 있는지, 테스트 자동화 수준은 어떤지, 시스템 종류는 무엇인지(단지 서버와 웹 애플리케이션 조합인가 아니면 패키지 소프트웨어인가?), 릴리스 주기는 얼마나 되는지, 소프트웨어에 요구되는 안정성의 수준은 어떠한지(블로그 서버와 항공 관제 시스템을 비교해보자) 등에 따라 달라진다.

우리는 스크럼을 진행하면서 어떻게 테스트를 할 것인가라는 문제로 꽤 많은 실험을 해봤다. 지금까지 우리가 어떻게 해 오고 있는지, 그리고 거기서 배운 것은 무엇인지를 설명해 보겠다.

인수 테스트 단계를 없앨 수는 없다

이상적인 스크럼 세상에서는 스프린트가 끝나면 즉시 배포 가능한 버전의 시스템이 나오고, 그럼 그냥 배포만 하면 될 것이다. 하지만, 정말 그럴까?

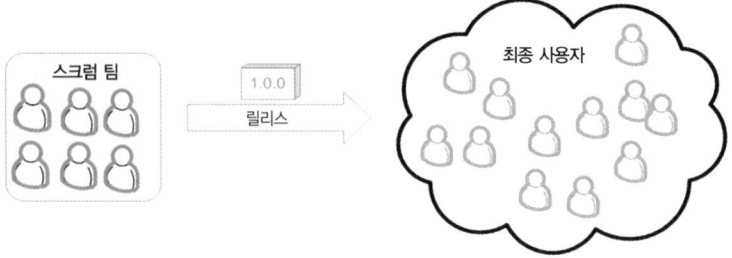

틀렸다.

우리 경험상으로는 보통 그렇게 되지 않는다. 심각한 버그들이 있게 마련이다. 여러분이 품질을 어떤 식으로든 중요시한다면 일정 부분 수작업 인수 테스트 단계가 필요하다. 이 단계가 바로 팀에 소속되지 않은 전문 테스터들이 나서서 스크럼 팀이 미처 생각하지 못했거나 시간이 없어서 하지 못했던, 혹은 하드웨어가 없어서 할 수 없었던 그런 종류의 테스트들로 시스템을 마구 공격하는 때이다. 테스터들은 최종 사용자와 똑같은 방법으로 시스템을 사용한다. 다시 말하면, 이러한 테스트는 수작업으로 수행된다는 의미다(시스템의 사용자가 사람이라면).

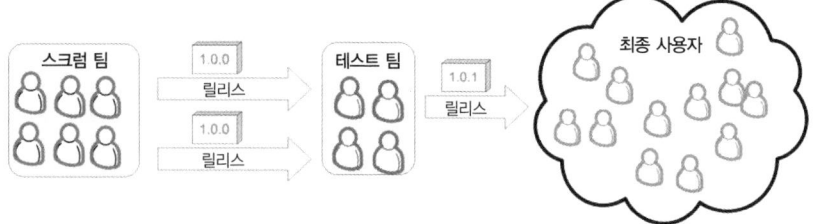

테스트 팀이 버그를 찾아낼 것이고 스크럼 팀은 버그를 수정한 릴리스를 만들게 될 것이며, 머잖아 (가능하면 더 일찍) 불안정한 버전 1.0.0 이 아닌 버그를 수정한 버전 1.0.1을 최종 사용자에게 출시할 수 있을 것이다.

내가 말하는 '인수 테스트 단계'는 실제 출시가 가능한 버전이 나올 때까지 테스트, 디버깅, 재출시를 하는 전체 기간을 의미한다.

인수 테스트 단계 최소화하기

인수 테스트 단계는 고통스럽다. 정말로 애자일이 아닌 것처럼 느껴진다. 이 단계를 없앨 수는 없다 하더라도 최소화하려는 노력은 할 수 있다 (우리는 정말 그렇게 했다). 더 분명하게는, 인수 테스트 단계에 소요되는 **시간**을 최소화하는 것이다. 다음과 같이 한다면 가능하다.

- 스크럼 팀에서 전달되는 코드의 품질을 최고로 높이기
- 수작업 테스트의 효율성을 최대화하기 (다시 말해, 최고의 테스터를 동원하고, 그들에게 최고의 도구를 제공하고, 자동화할 수 있는 낭비적인 작업들을 보고하도록 하는 것.)

그럼 스크럼 팀에서 전달되는 코드의 품질을 최고로 높이려면 어떻게 해야 할까? 방법은 많다. 다음 두 가지 방법은 우리가 큰 효과를 본 것이다.

- 테스터를 스크럼 팀에 포함시킨다.
- 스프린트 작업량을 줄인다.

스크럼 팀에 테스터를 포함시켜 품질 향상시키기

아래와 같은 반대의 목소리가 들리는 것 같다.
- "하지만 그건 당연하잖아! 스크럼 팀은 교차 기능 팀(cross-functional)이어야 해!"
- "스크럼 팀에서는 역할을 구분하지 않아! 오로지 테스터 역할만 하는 사람을 두어서는 안돼!"

좀더 명확하게 말하겠다. 여기서 내가 말하는 '테스터'는 '주된 기술이 테스트인 사람'을 의미하지, '역할이 오직 테스트인 사람'을 의미하는 것이 아

니다. 개발자는 테스터이기에는 형편없는 경우가 많다. 특히 자기가 작성한 코드를 테스트하는 경우에는 더 그렇다.

테스터는 '종료 신호'를 보내는 사람이다.
'단지' 팀의 일원이 되는 것 외에도 테스터에게는 중요한 임무가 있다. 테스터는 '종료 신호'를 보내는 사람이다. 스프린트 내에서는 테스터가 완료되었다고 말해야지만 실제로 '완료'된 것으로 간주한다. 나는 가끔씩 실제로 보면 완료되지 않았는데도 완료되었다고 말하는 개발자를 봤다. 여러분이 '완료'에 대한 정말 명쾌한 정의를 가지고 있다 하더라도(반드시 가지고 있어야 한다. 38쪽의 '완료의 정의'를 참고하라), 개발자들은 그 정의를 잊어버리는 경우가 많다. 우리 프로그래머들은 성격이 급한 사람들이라서 가능한 빨리 다음 문제로 넘어가려고 한다.

그럼 T 씨(우리의 테스터)는 어떻게 완료 여부를 알 수 있는가? 흠... 우선은 (놀라지 마라) 그가 실제로 **테스트**를 해야만 한다! 많은 개발자들이 자기 딴에는 '완료'했다고 하는 기능이 실제로는 **테스트조차 불가능한** 적이 많았다! 체크인을 하지 않아서 그랬던 적도 있고, 테스트 서버에 올리지 않았거나, 실행이 안 되거나 등의 이유였다. 일단 T 씨가 그 기능을 테스트하고 나면 해당 개발자와 함께 '완료' 체크리스트(만약 가지고 있다면)를 검토할 차례다. 예를 들어, '완료' 정의에 릴리스 노트가 반드시 첨부되어야 한다는 항목이 있다면 T 씨는 릴리스 노트가 있는지 여부를 확인한다. 그 기능에 대한 더 공식적인 규격이 있다면 (우리에겐 거의 없지만) T 씨는 그것도 같이 확인해야 한다.

이 방법의 부수적인 효과는 스프린트 데모를 준비하기에 최적인 인물이 생긴다는 것이다.

테스트할 것이 없을 때 테스터는 무엇을 하는가?

늘 이런 질문이 나온다. T 씨 왈, "스크럼 마스터, 지금은 테스트할 것이 없는데, 그럼 **난** 어떤 일을 해야 하나요?" 첫 번째 스토리 작업이 끝나려면 일주일 정도가 걸릴 수도 있는데 **이 기간**에는 테스터가 무엇을 해야 할까?

우선 그는 **테스트 준비 작업**을 하고 있어야 한다. 즉, 테스트 스펙을 작성하거나 테스트 환경을 준비하는 등의 일을 할 수 있다. 그래서 개발자에게 테스트할 기능이 생길 때면 지체 없이 T 씨가 뛰어들어 테스트를 시작해야 한다.

TDD로 개발 중인 팀이라면 처음 시작하는 날부터 테스트 코드를 작성하게 된다. 테스터는 테스트 코드를 작성하는 개발자들과 짝 프로그래밍을 해야 한다. 테스터가 프로그래밍을 전혀 못하는 경우에도 짝 프로그래밍은 해야 한다. 다만 이 경우에 테스터는 항해사 역할만 담당하고 개발자가 키보드를 맡는다는 점만 다르다. 일반적으로 훌륭한 테스터는 훌륭한 개발자들과는 다른 종류의 테스트를 생각해낼 수 있어서 서로를 보완하게 된다. TDD를 하지 않거나 테스트 케이스 작성이 부족하여 시간이 남는 경우에 테스터는 팀이 스프린트 목표를 달성하는 것을 돕는 일이라면 무엇이든지 하면 된다. 테스터가 프로그래밍을 할 수 있으면 훌륭하다. 그렇지 않다면 스프린트에서 해야 하는 작업들 중에 프로그래밍과 관련 없는 일이 무엇인지 찾아보라.

스프린트 계획회의에서 스토리를 작업 단위로 나눌 때 **프로그래밍** 작업만을 염두에 두는 경우가 많다. 하지만 일반적으로 스프린트 내에는 달성해야 하는 **비프로그래밍 작업**도 많다. 스프린트 계획 단계에서 비프로그래밍 작업을 식별하는 데 노력을 기울이면 T 씨가 전혀 프로그래밍을 못하고 당장 테스트할 것도 없는 경우에도 크게 기여할 수 있는 확률이 높아진다.

스프린트에 해야 하는 비프로그래밍 작업의 예
- 테스트 환경 구축
- 요구사항 명확화
- 운영 팀과 배포에 관한 세부 사항 협의
- 배포 문서 작업 (릴리스 노트, RFC 혹은 여러분 조직에서 정한 산출물)
- 외부 인력과의 미팅 (예, GUI 디자이너)
- 빌드 스크립트 개선
- 스토리를 작업으로 더 나누기
- 개발자들이 필요로 하는 핵심 의문을 파악하고 답 구하기

반대의 경우로 T 씨가 병목지점이 되면 우리는 어떻게 해야 할까? 스프린트의 마지막 날에 갑자기 한꺼번에 많은 기능들이 완료되었고 T 씨는 전부 테스트할 수 없는 상황이라고 하자. 어떻게 해야 할까? 흠, 팀원 전부가 T 씨의 조수 역할을 할 수 있을 것이다. T 씨는 자신이 직접 해야 할 일이 무엇인지 결정하고, 단순하고 귀찮은 테스트는 다른 팀원들이 하도록 넘긴다. 이것이야 말로 진정한 교차기능 팀의 모습이 아닌가!

그렇다. 물론 T 씨는 **분명히** 팀 내에서 특별한 역할이 있다. 그렇다고는 해도 여전히 그는 다른 일을 할 수 있으며, 다른 팀원들도 그의 일을 할 수 있다.

스프린트 작업량을 줄여 품질 향상시키기

스프린트 계획회의로 돌아간다. 간단하게 말해서, 스프린트에 너무 많은 스토리를 우겨 넣지 마라! 여러분이 품질 문제를 겪고 있거나 인수 테스트 주기가 길다면 스프린트 작업량을 줄여라! 이렇게 하면 거의 자동적으로 품질이 향상되고, 인수 테스트 주기가 짧아지고, 최종 사용자에게 노출되는 버그가 적어지며, 장기적으로는 팀이 문제가 계속 생기는 기존 기능들을 고치는 대

신 항상 새로운 기능에 집중할 수 있게 되어 생산성이 향상되는 결과를 가져온다.

더 적게 개발하되 안정적으로 개발하는 것이 많이 개발하면서 정신 없이 버그를 잡아야 하는 것보다는 거의 항상 더 싸게 먹힌다.

인수 테스트가 스프린트의 일부여야 하는가?

우리도 이 대목에서 많이 머뭇거렸다. 우리 팀들 중에 일부는 인수 테스트를 스프린트에 포함시킨다. 하지만 대부분의 팀들은 다음 두 가지 이유로 그렇게 하지 않는다.

- 스프린트는 기간이 고정되어 있다. 인수 테스트는 (디버깅과 재출시를 포함한다는 나의 정의에 따르자면) 기간을 고정하기가 매우 힘들다. 만약 시간은 다 되었는데 여전히 치명적인 버그가 있다면 어떻게 하나? 여러분은 치명적인 버그가 있는 채로 제품을 출시할 것인가? 다음 스프린트가 끝날 때까지 기다릴 것인가? 대부분의 경우에 두 답안 모두 받아들이기 힘들다. 그래서 우리는 수작업 인수 테스트를 별도로 남겨둔다.
- 같은 제품에 여러 스크럼 팀이 같이 작업하는 경우에는 각 팀들의 결과물을 합쳐서 수작업 인수 테스트를 해야만 한다. 두 팀이 각각 스프린트 내에서 수작업 인수 테스트를 한다고 하더라도, 여러분은 어차피 두 팀의 결과물을 통합한 최종 릴리스를 테스트하는 팀이 추가로 필요할 것이다.

이 방법이 완벽한 해법은 아니지만 우리에게는 대부분의 경우에 충분히 좋은 해법이다.

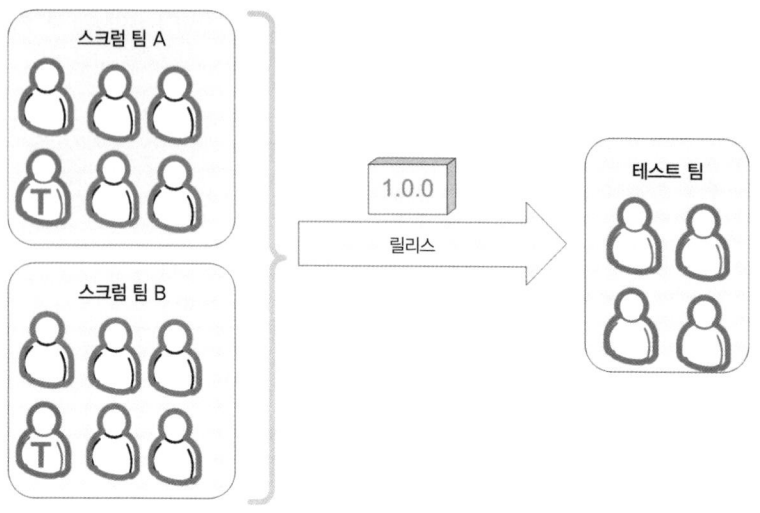

스프린트 주기와 인수 테스트 주기

완벽한 맥스크럼(McScrum)[1] 세상에서라면 모든 스크럼 팀들이 스프린트가 끝날 때마다 당장 인도할 수 있는 시스템을 릴리스할 것이기 때문에 여러분은 인수 테스트 단계가 필요 없을 것이다.

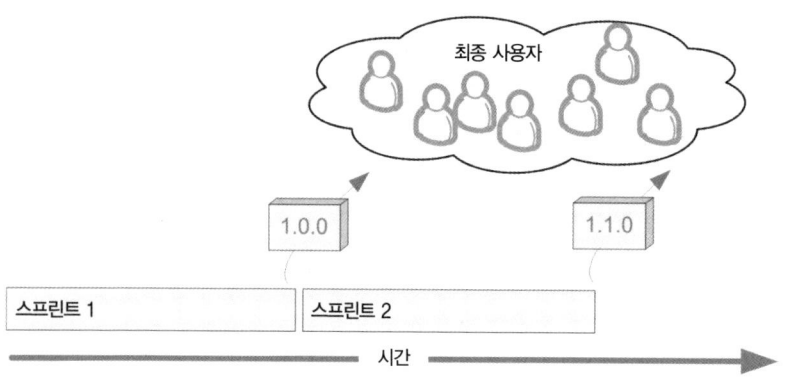

---

1 (옮긴이) 이상적이고 완벽해 보이지만 실제로는 존재할 수 없는 세상. 패스트푸드가 아무리 칼로리가 낮고, 건강에 지장이 없다고 광고해도 실제로는 저렴한 식자재와 청결치 못한 제조 공정으로 만든다는 것을 꼬집어 McDonalds를 빗대어 만든 단어다. 맥도널드 미안~

자, 여기 좀더 실제에 가까운 그림을 보자.

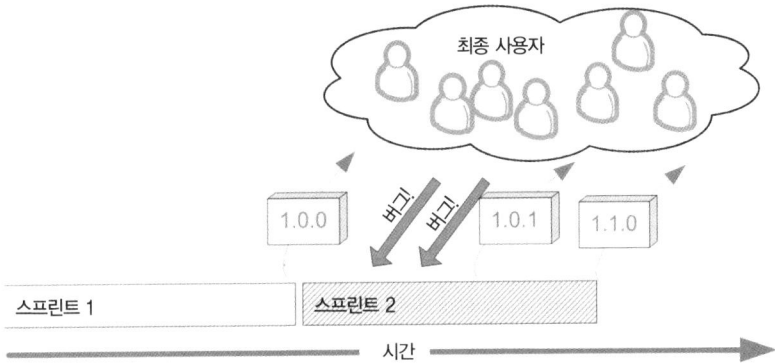

첫 번째 스프린트가 끝나고 버그가 있는 1.0.0 버전이 릴리스되었다. 두 번째 스프린트에서 버그 리포트가 쏟아지기 시작하고 팀은 대부분의 시간을 디버깅하느라 보낸다. 그리고 스프린트 중간에 버그 수정 버전인 1.0.1을 릴리스하라는 압력을 받는다. 그리고는 두 번째 스프린트가 끝날 때 새로운 기능이 추가된 1.1.0 버전을 릴리스한다. 지난 릴리스 이후로 받은 온갖 방해로 인해 이번에는 제대로 할 시간이 더 부족했기 때문에 이 시스템은 더 많은 버그는 물론이고, 여러 가지 문제가 많을 것이다.

빗금 처진 부분이 두 번째 스프린트에서의 혼란을 상징한다.

썩 예쁘지는 않다. 그리고 슬픈 일은 여러분에게 인수 테스트 팀이 있다고 해도 여전히 문제가 남는다는 점이다. 차이가 있다면 대부분의 버그 리포트가 화난 최종 사용자 대신 테스트 팀에서부터 온다는 것이다. 사업적인 관점에서는 차이가 크지만 개발자에게는 거의 같은 일이다. 대개 테스터가 최종 사용자보다는 덜 공격적이라는 점만 빼고는, 허나 대개는⋯

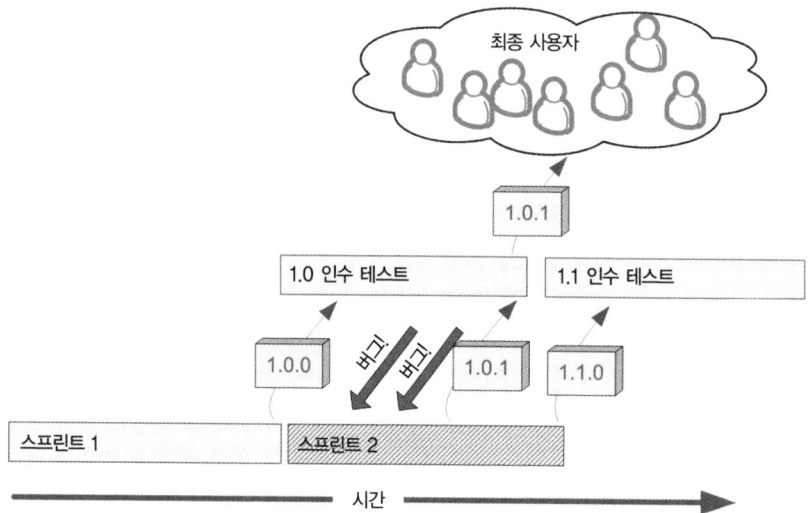

우리는 이 문제에 대한 간단한 해결안을 아직 찾지 못했다. 그래도 여러 가지 다양한 모델을 시험해 보았다.

처음으로 돌아가서, 제일 먼저 스크럼팀이 릴리스하는 코드의 품질을 극대화 해보자. (스프린트 내에서) 버그를 일찍 찾아 고치는 비용은 스프린트 이후에 찾아 고치는 비용과 비교할 때 엄청나게 작다.

하지만 우리가 버그 개수를 최소화할 수 있다고 하더라도 스프린트가 끝난 후에도 버그 리포트가 여전히 존재한다는 사실에는 변함이 없다. 이 상황을 어떻게 해결할 수 있을까?

접근법 1: 이전 것이 제품화되기 전까지는 새로운 것을 만들려 들지 말라

멋지게 들리지 않는가? 하지만 그렇게 편안한 느낌은 아닐 것이다.

우리는 이 접근법을 적용하려고 여러 차례 매달렸고, 적용할 멋진 모델들을 구상했다. 하지만 막상 실행하려고 할 때면 마음이 늘 바뀌었다. 우리는 스프린트와 스프린트 사이에 시간 제한이 없는 릴리스 기간을 추가하고, 그 기간에는 제품으로 릴리스 할 수 있는 버전을 만들 때까지 오직 테스트와 디버깅만 수행했다.

| 스프린트 1 | 릴리스 | 스프린트 2 | 릴리스 | 스프린트 3 |

시간 →

하지만 스프린트 사이에 시간 제한이 없는 릴리스 기간을 두는 것에 회의적이었는데, 주된 이유는 규칙적인 스프린트 심장박동을 깨뜨리기 때문이었다. 더 이상 "우리는 3주 간격으로 새로운 스프린트를 시작해요."라는 말을 할 수 없었다. 게다가 이 방식으로는 문제를 완벽하게 해결하지 못한다. 릴리스 기간을 갖는다 하더라도 이따금씩 긴급 버그 리포트가 나타날 것이므로, 우리는 버그를 처리할 준비를 해야만 하기 때문이다.

접근법 2: 새로운 것을 만들 때가 되었더라도 이전 것을 제품화하는 것에 우선순위를 두라

우리가 선호하는 접근방법은 이것이다. 적어도 지금은 말이다.

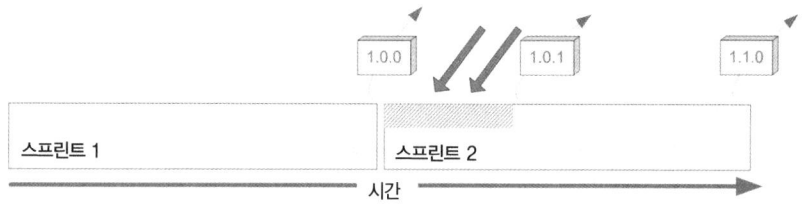

기본적으로 스프린트가 끝날 즈음 바로 다음 스프린트로 넘어간다. 하지만

우리는 다음 스프린트에서 이전 스프린트의 버그를 잡느라 시간을 소모하게 될 것이라고 예상하고 있다. 만약 우리가 이전 스프린트에서 넘어온 버그를 수정하느라 아주 많은 시간을 허비하여 다음 스프린트가 심각하게 피해를 입었다면, 왜 이런 일이 발생했는지 어떻게 품질을 향상시킬 수 있는지를 평가해야 한다. 그래서 이전 스프린트에서 넘어온 꽤 많은 버그를 수정할 수 있도록 스프린트 기간을 충분히 길게 잡았다.

여러 달이 지나자 점차 이전 스프린트의 버그를 수정하는 데 드는 전체 시간이 줄어들었다. 덧붙여 버그가 발생하더라도 소수의 사람만 투입해도 되고, 결국 팀 전체가 매번 방해 받을 필요가 없어졌다. 지금은 더욱 수용할 만한 수준이 되었다.

스프린트 계획수립 회의 때 우리는 직전 스프린트로 인한 버그를 수정하는 데 예상되는 전체 시간을 감안하여 집중도를 낮게 설정한다. 시간이 지남에 따라 팀은 이것을 잘 추정해냈다. 속도 지표가 도움이 많이 된다. (27쪽의 '팀은 스프린트에 포함시킬 스토리를 어떻게 결정하는가?'를 참고하라.)

나쁜 접근법 – 새로운 것 만드는 데 집중하기

이것은 사실상 '이전 것을 제품화하기보다는 새로운 것을 만드는 데 집중한다'라는 의미다. 어느 누가 그렇게 하려고 할까? 하지만 우리는 프로젝트 초기에 자주 이런 실수를 범한다. 대부분의 다른 회사들도 마찬가지일 거라고 확신한다. 이것은 스트레스와 관련된 병이다. 많은 관리자들이, 통상 코딩이 모두 끝났다고 해도 제품으로 릴리스를 하기에는 여전히 갈 길이 멀다는 사실을 정말로 이해하지 못한다. 그래서 관리자는 계속해서 새로운 기능을 추가하라고 요구하지만, 출시하기에는 모자란 기존 코드들이 점점 더 무거워져서 모든 것을 지연시키게 된다. 적어도 복잡한 시스템에서는 그러하다.

가장 느린 연결고리에서 무리하지 마라

인수 테스트가 여러분에게 가장 느린 연결고리라고 하자. 현재 테스터가 턱없이 부족하거나 코드 품질이 낮아 인수 테스트 기간이 너무 늘어지고 있다.

여러분의 인수 테스트 팀이 일주일에 많이 해봐야 기능 세 개를 테스트할 수 있다고 하자. (아니, 우리는 '주당 개발 기능 개수(features per week)' 같은 지표를 사용하지 않는다. 단지 이 예제에서만 잠시 사용할 것이다.) 그리고 여러분의 개발자들은 일주일에 기능 여섯 개를 개발할 수 있다고 하자.

관리자 혹은 제품 책임자 입장에서는 (혹은 팀 스스로) 일주일에 기능 여섯 개를 개발하겠다고 일정 계획을 세우고 싶어질 것이다.

그렇게 하지 마라! 현실은 어떻게든 여러분의 발목을 잡고 늘어질 것이고, 여러분에게 상처를 안겨줄 것이다.

그 대신, 일주일에 기능 세 개로 계획을 세우고, 남는 시간은 테스트의 병목을 제거하는 데 투자해라. 예를 들자면,

- 개발자 몇 명이 개발 업무 대신 테스트 업무를 하게 하라. (그들은 여러분에게 고마워 할 것이다.)
- 테스트가 수월해지도록 도구나 스크립트를 개발하라.
- 자동화된 테스트 코드를 더 많이 넣어라.
- 스프린트 길이를 늘여서 인수 테스트를 스프린트에 포함시켜라.
- 어떤 스프린트는 '테스트 스프린트'로 정의하고 팀 전원이 인수 테스트 팀 역할을 수행하라.
- 테스터를 더 고용하라. (설사 개발자를 내보내야 할지라도)

우리는 위의 모든 방법들(마지막 항목만 빼고)을 모두 시도해봤다. 장기적으로 최선의 방법은 물론 두 번째와 세 번째 항목, 즉 더 나은 도구와 스크립트를 개발하고 테스트를 자동화하는 것이었다.

회고는 가치 흐름 상에서 가장 느린 연결고리를 식별하는 데 좋은 토론의 장이다.

현실로 돌아가기

내가 여러분에게 이런 인상을 심어주었는지도 모르겠다. 우리 스크럼 팀에는 모두 테스터가 포함되어 있고, 각 제품마다 큰 규모의 인수 테스트 팀이 있으며, 스프린트가 끝날 때마다 릴리스를 하고, 등등.

사실은 그렇지 않다.

우리는 이러한 일들을 그럭저럭 해왔을 뿐이지만, 그것만이라도 긍정적인 효과를 보았고 말하고 싶다. 그러나 여전히 만족스러운 품질 보증 프로세스를 가졌다고 보기는 어렵다. 아직도 배워야 할 것이 많아 이러한 노력을 계속해야 한다.

Scrum and **XP** from the Trenches

여러 스크럼 팀 다루기

같은 제품에 여러 스크럼 팀이 붙게 되면 여러 가지 면에서 더 힘들어진다. 이 문제는 보편적으로 나타나는 것으로, 딱히 스크럼하고는 아무런 관계가 없다. 개발자가 많다 = 더 복잡하다.

우리는 이 문제에 대해서도 (다른 것들처럼) 실험을 해봤다. 같은 제품에 최대로 많은 개발자가 참여했던 것은 한 팀에 대략 40명 정도였다.

주된 의문은 다음 두 가지다.
- 팀을 몇 개 만들어야 하는가
- 각 팀에 사람들을 어떻게 할당할 것인가

팀을 몇 개 만들어야 하는가

여러 스크럼 팀을 다루기가 그렇게 어렵다면 왜 굳이 신경을 써야 할까? 그냥 모두 한 팀으로 보면 안될까?

우리가 경험한 스크럼 팀 중에서 단일 팀으로 가장 컸던 팀은 11명 정도였다. 굴러는 갔지만 썩 좋았다고는 할 수는 없다. 일일 스크럼은 15분이 넘어 지루하게 늘어지기 일쑤였다. 팀원들은 다른 팀원이 무슨 일을 하고 있는지 몰랐고, 그래서 혼란이 있을 수밖에 없었다. 스크럼 마스터로서도 모든 팀원들이 같은 목표를 바라보도록 유지하는 일이 어려웠고 보고된 장애들을 모두 챙길 만한 시간을 내기도 어려웠다.

대안은 팀을 두 개로 나누는 것이다. 하지만 그것이 더 나은 방법일까? 꼭 그렇지만은 않다.

팀이 경험을 쌓아 스크럼에 익숙해져서 논리적으로 제품 로드맵을 뚜렷하게 두 개의 트랙으로 나누고, 이 두 트랙을 같은 소스로 작업하지 않는다면 팀을 나누는 것이 좋다고 생각할 것이다. 그렇지 않다면 팀이 커서 나타나는 단점에도 불구하고 단일 팀을 고수하려고 할 것이다.

내 경험상, 서로 계속 간섭하게 되는 작은 팀을 여럿 두는 것보다는 차라리 크다 하더라도 소수의 팀을 두는 것이 더 낫다. 서로 간섭할 일이 없는 경우에만 작은 팀들을 만들라.

가상 팀

'큰 팀'이냐 '많은 팀'이냐라는 트레이드오프에서 여러분이 내린 결정이 맞는지 틀리는지 어떻게 알 수 있을까?

여러분이 눈과 귀를 열고 있으면 '가상 팀'의 형태를 발견하게 될 것이다.

예1: 여러분은 하나의 큰 팀으로 만들었다. 하지만 스프린트가 진행되는 동안 누가 누구와 이야기를 나누는지가 보이기 시작하자, 이 팀이 사실상 두 개의 작은 팀으로 나눠진 것을 눈치챘다.

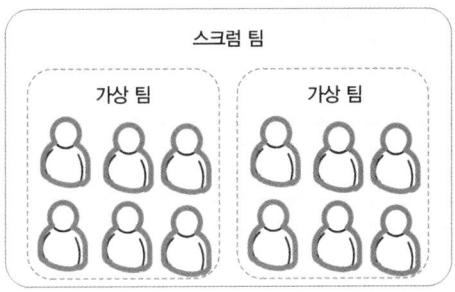

예2 : 여러분이 팀을 셋으로 작게 나누었다. 하지만 스프린트가 진행되는 동안 누가 누구와 이야기를 나누는지가 보이기 시작하자, 1번 팀과 2번 팀이 항상 서로 이야기를 나누는 반면, 3번 팀은 따로 일하고 있음을 눈치 챘다.

이것이 의미하는 바가 무엇일까? 여러분의 팀 구성 전략이 틀렸다는 것인가? 가상 팀이 지속되는 것으로 보인다면 틀린 것이고, 가상 팀이 일시적인 것으로 보인다면 옳은 것이다.

1번 예를 다시 보자. 두 개의 작은 가상 팀이 가끔씩 변경되고 있다면 (다시 말해, 사람들이 작은 가상 팀을 옮겨 다닌다면) 그것은 단일 스크럼 팀을 구성하기로 한 여러분의 결정이 옳았다는 것을 의미한다. 스프린트 내내 작은 가상 팀이 그대로 유지된다면 다음 스프린트에서 실제로 스크럼 팀을 둘로 나누기를 원할 것이다.

　이번에는 2번 예를 다시 보자. 스프린트 내내 1번 팀과 2번 팀이 (3번 팀은 빼고) 이야기를 나눈다면 여러분은 다음 스프린트에서 1번 팀과 2번 팀을 하나의 스크럼 팀으로 합치기를 원할 것이다. 스프린트 중간까지는 1번 팀과 2번 팀이 서로 이야기를 나누다가 스프린트 중간부터는 1번 팀과 3번 팀이 서로 이야기를 나눈다면, 세 팀을 전부 한 팀으로 합치거나 아니면 그냥 세 팀인 채로 놔두어야 할 것이다. 스프린트 회고 때 이 문제를 꺼내어 팀들이 스스로 결정하도록 하자.

　팀 분할은 스크럼에서 정말 어려운 부분에 속한다. 너무 깊이 고민하거나 너무 열심히 최적화하려고 하지 마라. 실험해 보고, 가상 팀을 지켜보고, 회고를 하면서 이런 이야기를 충분히 토의하도록 해라. 조만간 여러분은 여러분만의 독특한 상황에 딱 맞는 해결책을 찾게 될 것이다. 중요한 것은 팀들이 안정적이어야 하고 너무 자주 왔다 갔다 하지 않는 것이다.

최적의 팀 크기

내가 읽은 대부분의 책들은 최적의 팀 크기가 5~9명 정도라고 주장한다.

　지금까지 지켜본 바로는 나도 동의할 수밖에 없다. 나라면 3~8명이라고 말하고 싶지만 말이다. 사실은 이 정도 크기의 팀을 얻기 위해서는 어느 정도의 고생쯤은 감수할 수 있어야 한다고 믿는다.

　여러분에게 10명으로 된 단일 스크럼 팀이 있다고 하자. 가장 취약한 팀원 두 명을 방출하는 것을 고려하라. 맙소사, 방금 내가 무슨 말을 한 거지?

　여러분에게 제품이 두 개 있고 각 제품마다 3명으로 구성된 팀이 붙어있는데, 두 팀 모두 너무 느리게 진행된다고 하자. 모두를 합쳐 6명으로 된 한 팀을 만들고 두 제품을 책임지도록 하는 것도 **좋은 생각일 수 있다**. 이렇게 되면 제품 책임자 두 명 중에 한 명은 어디론가 가든지 혹은 조언자 역할이나

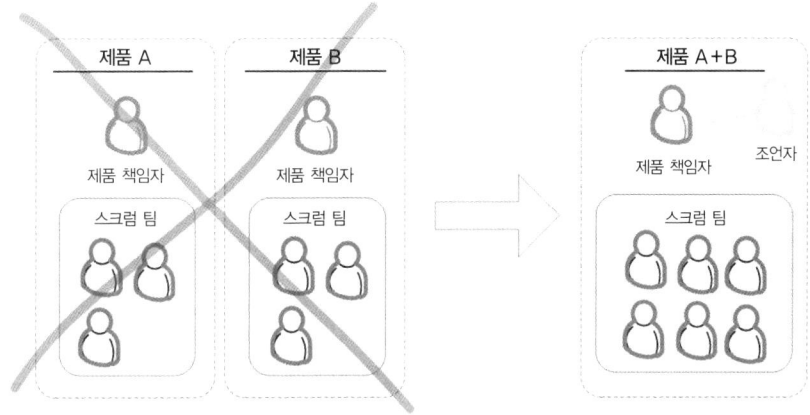

다른 역할을 준다든지 해야 한다.

여러분에게 코드 베이스가 엉망인 상태라서 두 팀이 독립적으로 코드 베이스를 건드릴 방법이 없어, 12명의 단일 팀으로 운영하는 스크럼 팀이 있다고 하자. 여러분은 팀을 나눌 수 있는 수준이 될 때까지 (새로운 기능을 추가하는 대신) 기존 코드 베이스를 수정하는 데 많은 노력을 투입해야 한다. 이러한 투자는 매우 빨리 제값을 할 것이다.

스프린트를 동기화할 것인가, 말 것인가?

같은 제품을 세 개의 스크럼 팀이 개발하고 있다고 하자. 각 팀의 스프린트가 동기화되어야 하는가? 다시 말해, 모든 스프린트의 시작일과 종료일이 같아야 하는가? 아니면 스프린트 스케줄이 서로 제각각 이어서 엇갈리듯 중첩되어야 하는가?

우리가 취한 첫 번째 방법은 스프린트가 (시간적으로) 서로 중첩되도록 하는 것이었다.

이는 좋은 방법이라 생각되었다. 어느 때에나 끝나가는 스프린트와 이제 막 시작하는 스프린트가 있을 것이고, 제품 책임자의 업무 부담은 시간상으로 넓게 퍼져 일정할 것이다. 시스템은 연속적으로 계속 릴리스될 것이고, 매주 데모가 있을 것이다. 할렐루야!

그렇다. 나도 안다. 다만 그때는 **정말로** 설득력 있게 들렸다.

내가 켄 슈와버와(나의 스크럼 인증도 겸해서) 이야기를 나눌 기회가 생겼을 때, 우리는 이제 막 위와 같은 방식을 시작했을 때였다. 그는 이것이 **나쁜** 생각이며, 스프린트를 모두 동기화하는 것이 훨씬 나을 것이라고 꼬집어줬다. 그가 들려준 이유는 정확히 기억나지 않지만, 얼마간의 토의 끝에 나는 설득당했다.

팀 A	스프린트 1	스프린트 2	스프린트 3
팀 B	스프린트 1	스프린트 2	스프린트 3
팀 C	스프린트 1	스프린트 2	스프린트 3

시간 →

이것이 그 이후로 우리가 사용하고 있는 해결책이며, 한 번도 후회한 적이 없다. 중첩 스프린트라는 전략이 정말로 실패했을지는 알 수 없지만, 나는 실패했을 것이라고 생각한다. 동기화된 스프린트의 장점은 다음과 같다.

- 팀을 다시 조직하기에 자연스러운 순간이 있다. 바로 스프린트와 스프린트 사이이다. 중첩 스프린트에서라면 팀들을 재정비하는 데 적어도 한 팀은 스프린트 중간에 방해를 받을 수밖에 없다.
- 모든 팀이 같은 스프린트에 같은 목표를 가지고 일할 수 있으며, 스프린트 계획회의도 같이 할 수 있다. 이렇게 되면 팀간의 협업이 좋아진다.

- 관리 부담이 줄어든다. 다시 말해 스프린트 계획회의, 스프린트 데모, 릴리스 등이 더 적어진다.

'팀 리드' 역할을 도입한 이유

하나의 제품을 세 팀이 개발하고 있다고 하자.

P 자가 그려진 사람이 제품 책임자이다. S자가 그려진 사람들은 스크럼 마스터이다. 나머지는 '쫄병'들… 아니, 훌륭한 팀원들이다.

이렇게 나눈다고 했을 때, 누가 어느 팀에 들어갈지를 누가 결정하는가? 제품 책임자? 스크럼 마스터 세 명이 함께? 아니면 각자 자신의 팀을 스스로 골라야 할까? 하지만 그랬다가 (1번 스크럼 마스터가 **잘생겨서**) 모두 1번 팀에 들어가려고 하면 어떻게 할까?

만약 작업 중인 코드 베이스가 동시에 작업할 수 있는 팀이 두 팀밖에 안 되는 것으로 드러나서 6명씩 세 팀으로 나누는 대신에 9명씩 두 팀으로 변경해야 한다면 어떻게 할까? 이제 스크럼 마스터는 두 명이 필요하다. 현재 3명인 스크럼 마스터 중에서 누가 타이틀을 내놓게 될까?

많은 회사에서 이런 문제들은 매우 민감한 사안이다.

제품 책임자에게 인원을 재할당하도록 요청하고 싶을지도 모르겠다. 하지만 사실 그건 제품 소유자가 할 일은 아니지 않은가? 제품 소유자는 도메인 전문가로서 팀원들에게 나아갈 방향을 말해주는 사람이다. 그가 사실 자잘한 세부 사항까지 관여해서는 안 된다. 그는 바로 '닭'이기 때문이다.[1]

우리는 '팀 리드' 역할을 도입하여 이 문제를 해결하였다. 여러분은 이것을 '스크럼들의 스크럼 마스터' 혹은 '최고 상사' '핵심 스크럼 마스터' 등으로 부를 수도 있을 것이다. 그 사람은 특정 팀 하나만을 이끌지 않고 전체 팀의 스크럼 마스터 역할을 하거나 팀에 인원을 배분하는 등의 교차 팀 이슈들을 책임진다.

이 역할에 맞는 좋은 이름을 생각해 내느라 고민을 많이 했다. '팀 리드'가 썩 좋은 이름은 아니지만, 우리가 생각해 낼 수 있는 최선이었다.

이 방법은 우리에게 잘 맞아서 나는 이 방법을 추천한다 (여러분이 이 역할을 뭐라고 부르든지 간에).

팀에 인원 할당하기

같은 제품을 여러 팀이 개발하게 될 때, 각 팀에 인원을 할당하는 두 가지 일반적인 전략이 있다.

- 앞서 언급한 '팀 리드'나 제품 책임자 혹은 기능 관리자(좋은 결정을 내릴 만큼 충분히 관여하고 있다면)처럼 한 사람을 선정하여 인원을 할당하게 한다.
- 어떻게든 팀이 자체적으로 인원을 할당하게 한다.

우리는 세 가지 전략을 모두 실험해봤다. 세 개? 그렇다. 1번 전략, 2번 전략, 그리고 두 전략을 합친 것까지.

---

[1] (옮긴이) 만약 여러분이 닭과 돼지 비유를 들은 적이 없다면, 앤디 헌트의 『애자일 프랙티스』(인사이트)를 보라.

두 전략을 합친 것이 가장 효과가 좋았다.

스프린트 계획회의를 시작하기 전에, 팀 리드는 제품 책임자와 스크럼 마스터를 모두 불러모아 팀 할당 회의를 연다. 지난 번 스프린트에 관해 이야기를 나누고 나서 팀 재할당이 필요한지를 결정한다. 두 팀을 합치거나 특정 인원을 다른 팀으로 옮기는 등의 요구가 있을 수 있다. 결정을 내리고 나서, 그 내용을 다음 스프린트 계획회의에 가져가기 위한 **팀 할당 제안**으로 작성한다. 스프린트 계획회의에서 가장 먼저 하는 일은 제품 백로그 중 우선순위가 가장 높은 항목들을 살펴보는 것이다. 그런 다음 팀 리드는 다음과 같이 말한다.

"여러분 안녕하세요. 우리는 이번 스프린트를 위해 다음과 같은 팀 할당을 제안합니다."

임시 팀 할당		
팀1	팀2	팀3
톰	구피	미니
제리	대피	스크루지
도널드	험티	위니
믹키	덤티	루

"보시다시피 팀이 4개에서 3개로 줄어들 것입니다. 팀마다 팀원들이 표시되어 있으니, 각 팀끼리 모여서 벽쪽으로 서 주세요."

(팀 리드는 사람들이 사람들이 흩어져 그룹을 짓는 동안 기다린다. 잠시 후 세 그룹이 만들어지고, 각각은 빈 벽면 옆에 모인다.)

"지금 이렇게 팀을 나눈 것은 **임시적인 것입니다**. 그냥 시간을 절약하기 위한 출발점이라고 보세요. 스프린트 계획회의가 진행되는 동안 여러분은 자유롭게 지금 속한 팀을 떠나 다른 팀으로 갈 수 있습니다. 팀을 둘로 나눌 수도 있고, 다른 팀과 합칠 수도 있습니다. 어떻게 하든지 자유롭게 하시면 됩니다. 제품 책임자의 우선순위를 고려하되 여러분의 상식에 따르세요."

이것이 우리가 발견한 가장 효과적인 방법이다. 처음에는 일정 수준의 중앙 통제로 시작하여 나중에는 일정 수준의 분산 최적화로 이어진다.

특화 팀을 둘 것인가 말 것인가?

여러분이 사용하는 기술이 세 개의 주요 컴포넌트로 구성되어 있다고 하자.

그리고 한 제품에 참여하고 있는 15명을 모두 단일 스크럼 팀으로 묶어 운영하는 것은 정말 싫다고 하자. 여러분은 어떻게 팀을 만들 것인가?

접근법 1: 컴포넌트 특화 팀

'클라이언트 팀' '서버 팀' 'DB 팀'처럼 컴포넌트 특화 팀으로 만드는 것도 한 가지 방법이다.

우리도 이 방법으로 시작했지만, 그다지 효과를 못 봤다. 대부분의 스토리들이 여러 컴포넌트들에 걸쳐있는 경우에는 더 그랬다.

예를 들어 '사용자들이 서로에게 보내는 메시지를 게시할 수 있는 알림 게시판'이라는 스토리가 있다고 하자. 이 알림 게시판 기능은 클라이언트 단의 사용자 인터페이스를 수정하는 작업과 서버에 로직을 추가하는 작업, 그리고 데이터베이스에 테이블을 추가하는 작업을 모두 포함하고 있을 것이다.

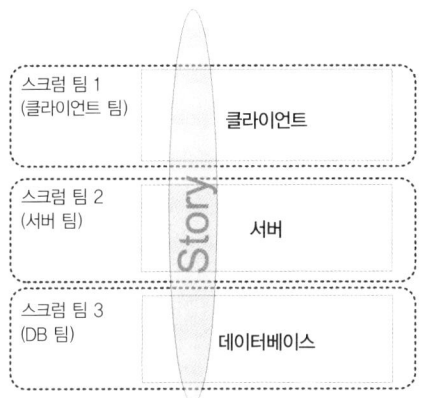

따라서 이 스토리를 완료하려면 세 팀(클라이언트 팀, 서버 팀, DB 팀)이 전부 협력해야 한다. 그다지 좋지 않은 상황이다.

접근법 2 : 교차 컴포넌트 팀

두 번째 방법은 교차 컴포넌트 팀을 만드는 것이다. 교차 컴포넌트 팀은 특정 컴포넌트에만 국한되지 않은 팀을 말한다.

여러 컴포넌트들이 연관되어 있는 스토리가 많으면 이러한 형태의 팀 분할 전략은 효과가 클 것이다. 각 팀은 클라이언트 부분과 서버 부분, 데이터베이스 부분이 포함된 스토리를 자체적으로 완전히 구현할 수 있다. 따라서 각 팀들은 더 많은 일을 서로 독립적으로 진행할 수 있다. 바람직한 현상이다.

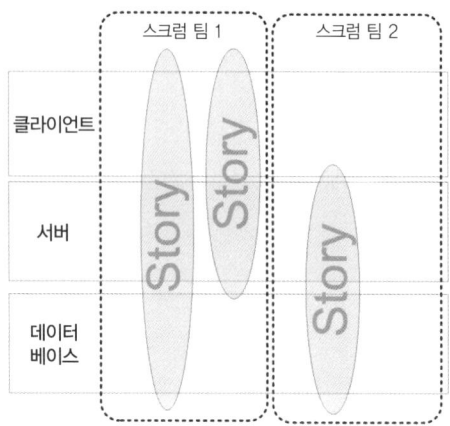

스크럼을 도입하면서 우리가 제일 먼저 한 일 중에는 기존의 컴포넌트 특화 팀(첫 번째 접근법)을 없애고 대신에 교차 컴포넌트 팀(두 번째 접근법)을 만든 것이 있다. 이렇게 함으로써 "우리는 서버팀에서 그 부분을 해줄 때까지 기다려야 하기 때문에 이 항목을 완료할 수 없어요."와 같은 일이 줄어들었다.

하지만 강력한 요구가 있을 때는 가끔 임시로 컴포넌트 특화 팀을 조직하기도 한다.

스프린트 사이에 팀을 재구성하는 문제

각 스프린트는 일반적으로 다른 스프린트와 서로 완전히 다른데, 특정 시점에서 우선순위가 가장 높은 스토리의 유형을 따라간다. 결과적으로 최적의 팀 구성은 스프린트마다 달라질 수 있다.

사실 우리는 스프린트마다 이렇게 말했었다. "이번 스프린트는 보통 스프린트와는 달라요. 왜냐하면…"

하지만 시간이 얼마 지나지 않아 '보통' 스프린트라는 말을 더 이상 쓰지 않기로 했다. 보통 스프린트는 없다. 그건 마치 가족마다 사람마다 제각각 사정이 있는 것과 마찬가지다.

어떤 스프린트에서는 클라이언트 코드 베이스를 잘 아는 사람들로만 구성된 단일 클라이언트 팀을 운영하는 것이 바람직할 수 있다. 반면 그 다음 스프린트에서는 클라이언트 사람들을 두 개의 교차 컴포넌트 팀으로 배분하는 것이 좋은 생각일 수 있다.

스크럼의 가장 중요한 관점 중 하나는 '팀 융합' 이다. 예를 들어 어떤 팀이 여러 스프린트에 걸쳐 함께 일한다면, 일반적으로 팀원들은 **아주 밀접한 사이**가 될 것이다. 그들은 **집단 몰입** 상태에 도달하여 믿기 어려운 생산성을 발휘하는 법을 배울 것이다. 하지만 그런 수준에 도달하기 위해서는 몇 차례의 스프린트를 겪어봐야 한다. 만약 여러분이 팀을 계속해서 바꾼다면, 진정 견고한 팀 융합을 절대로 이룰 수 없다.

여러분이 정말로 팀을 재구성하고 싶다면 그 결과에 대해 심사숙고해야 한다. 이것이 장기적인 변화일까 아니면 단기적인 변화일까? 단기적인 변화라면 팀을 재구성하지 말고, 장기적인 변화라면 그렇게 하라.

한 가지 예외는 여러분이 대규모 팀에 스크럼을 처음으로 적용하기 시작할 때다. 이러한 경우에는 모든 사람들이 편안하게 받아들이는 팀 분할을 찾을 때까지 어느 정도 실험해볼 만하다. 처음 몇 번은 완전히 잘못될 수도 있지만, 여러분이 계속 개선해 나갈 것이므로 괜찮다는 사실을 모든 팀원들에게 이해시켜야 한다.

비상근 팀원

스크럼 관련 책에서 언급하듯, 일반적으로 스크럼 팀에 비상근 팀원을 포함하는 것은 좋은 생각이 아니라는 것에 동의한다.

여러분이 스크럼 팀에 '조이'라는 비상근 팀원을 포함시키려는 상황이라고 하자. 우선 주의 깊게 생각해보자. 여러분 팀에 정말 조이가 필요한가?

정말 조이를 상근 멤버로 할 수는 없나? 그가 맡고 있는 다른 업무는 무엇인가? 다른 사람에게 그 업무를 맡기고, 조이의 참여율을 낮춰 해당 업무를 지원하는 수준으로 역할을 맡게 할 수는 없나? 다음 스프린트부터 조이를 상근으로 참여시키고, 합류하기 전까지 그가 책임져야 할 업무들을 다른 사람에게 이관시킬 수 있나?

때때로 방법이 전혀 없을 때가 있다. 건물 안에서 조이가 유일한 DBA이기 때문에 여러분이 필사적으로 그를 필요로 하지만, 운 나쁘게도 다른 팀들 역시 상황은 마찬가지여서 그가 절대로 여러분 팀에 상근으로 배정될 수 없으며 회사는 DBA를 추가로 고용할 수 없다. 좋다. 이런 상황에서는 그를 비상근으로 운영할 수 있다(바로 우리 팀에 똑같은 상황이 벌어졌었다). 하지만 여러분은 매번 꼭 이렇게 해야만 하는지 심사숙고해야 한다.

일반적으로 나는 8명의 비상근 팀원보다 3명의 상근 팀원으로 구성된 팀을 선호한다.

앞에 언급한 DBA와 같이 여러 팀에 자신의 시간을 쪼개야 하는 사람이 있다고 하더라도, 그 사람을 우선적으로 특정 팀에 속하도록 하는 것이 좋다. 그를 가장 많이 필요로 하는 팀이 어느 팀인지를 찾아 그 팀을 그 사람의 '홈 팀'으로 지정하자. 아무도 그 사람을 억지로 데려가지 않으면, 그는 팀의 일일 스크럼 회의, 스프린트 계획회의, 회고 등에 참석할 것이다.

스크럼들의 스크럼 진행하기

스크럼들의 스크럼(Scrum-of-Scrums)은 기본적으로 모든 스크럼 마스터들이 한 자리에 모여 이야기하는 정기회의다.

4개의 제품을 개발하던 때가 있었다. 당시 3개 제품은 각각 하나의 스크럼 팀으로 운영되고 나머지 한 제품은 25명이 여러 스크럼 팀으로 나누어져 진행되었다. 대충 다음과 같았다.

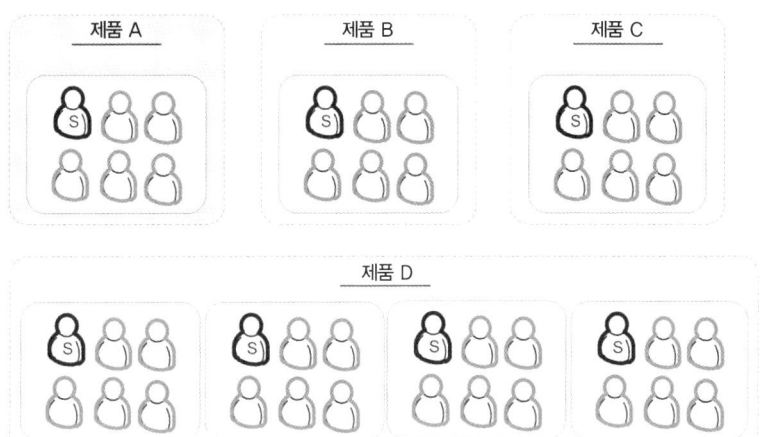

이 그림을 보면 우리가 두 수준으로 된 스크럼들의 스크럼이었다는 점을 알 수 있다. 하나는 제품 D를 개발하는 팀으로 구성되는 '제품 수준' 스크럼들의 스크럼이었고, 다른 하나는 모든 제품을 포함하는 '회사 수준' 스크럼들의 스크럼이었다.

제품 수준 스크럼들의 스크럼

이 회의는 매우 중요했다. 우리는 이 회의를 일주일에 한 번, 가끔은 더 자주 했었다. 통합 문제, 팀 간 균형 맞추기 문제, 다음 스프린트 계획회의 준비 등에 대해 논의했다. 30분으로 정해두었지만 시간을 초과하기 일쑤였다. 다른 대안으로 스크럼들의 스크럼 회의를 매일 할 수도 있었겠지만 그렇게 해보지는 못했다. 스크럼들의 스크럼 회의 안건은 다음과 같았다.

1) 돌아가며 한 사람씩 각자 자신의 팀이 지난 주에 무엇을 했고, 이번 주에 무엇을 할 것이며, 팀에 어떤 장애 요소가 있는지를 말한다.
2) 통합 문제와 같이 여러 팀에 걸친 사안들을 다룬다.

정말로 중요한 것은 스크럼들의 스크럼 회의를 하면서 위와 같은 안건을 따르는 것이 아니라, 여러분이 정기적으로 스크럼들의 스크럼 회의를 **실시한다**는 것이다.

회사 수준 스크럼들의 스크럼

우리는 이 회의를 '심장박동'이라 불렀다. 우리는 다양한 형식으로, 다양한 참석자들과 함께 이 회의를 진행해봤다. 최근에 우리는 그 동안의 개념을 완전히 버리고, 대신에 주간 단위 전체회의(음, 개발에 관련된 전원이 참석한다)로 대체했다. 시간은 15분.

뭐? 15분? 전체? 모든 제품의 모든 팀에 있는 모든 팀원들이? 효과가 있을까?

그렇다. 효과가 있다. 여러분이 (혹은 누가 회의를 주재하더라도) 길이를 엄격하게 짧게 유지한다면 말이다. 회의 형식은 다음과 같다.

1) 개발 총책임자가 새소식과 최신 정보를 전한다. 예를 들어 곧 있을 중요한 이벤트에 관한 정보 말이다.
2) 돌아가며 이야기한다. 제품 그룹별로 한 명씩 지난 주에 무엇을 했고, 이번 주에 무엇을 할 것이며, 팀에 어떤 문제점이 있는지를 보고한다. 몇몇 다른 사람들이 보고할 수도 있다 (형상관리 책임자, 품질보증 책임자 등)
3) 누구든지 자유롭게 정보를 보태거나 질문을 할 수 있다.

이 회의는 정보를 브리핑하는 포럼이지, 토의나 회고를 하는 자리가 아니다. 이 점만 잘 지키면 보통 15분으로 충분하다. 가끔씩 시간을 넘기기도 하지만 30분을 넘기는 경우는 매우 드물다. 만약 흥미로운 토론거리가 튀어나오면, 우선 토의를 중지시킨 다음 그 주제에 관심이 있는 사람들은 회의가 끝나고 남아서 논의를 계속하라고 부탁한다.

전원이 참석하는 심장박동 회의를 왜 할까? 우리가 지켜본 바로는 '회사 수준 스크럼들의 스크럼'이 토의가 거의 없이 주로 정보를 전달하는 형태로 진행되기 때문이다. 게다가 그룹 외부의 사람들은 이런 유형의 정보에 목말라하고 있다. 기본적으로 팀들은 다른 팀에서 무엇을 하고 있는지 알고 싶어 한다. 그러므로 어차피 회의에서 각자 자기 팀이 무엇을 하는지 다른 팀들에게 알려주는 것이라면, 전체가 다 참석하지 않을 이유가 없다.

일일 스크럼 회의 엇갈리게 배치하기

여러분이 하나의 제품에 여러 스크럼 팀을 운영하고, 팀이 모두 같은 시간에 일일 스크럼 회의를 한다면 문제를 겪게 될 것이다. 제품 책임자(혹은 나처럼 참견하기 좋아하는 사람)는 하루에 한 팀의 일일 스크럼 회의만을 참석할 수 있기 때문이다.

따라서 우리는 팀에 일일 스크럼 회의를 같은 시간에 하지 말 것을 팀들에게 요청한다.

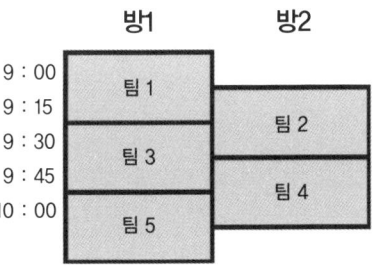

우리가 일일 스크럼 회의를 할 동안의 스케줄은 위와 같다. 회의는 팀방에서가 아니라 별도의 방에서 진행된다. 회의시간은 일반적으로 15분이지만 시간을 약간 초과할 것을 감안하여 각 팀은 방에서 30분을 사용할 수 있다.

이 방식은 두 가지 이유에서 **대단히 유용하다**.

1) 나나 제품 책임자 같은 사람은 어떤 날이든 오전에 모든 일일 스크럼 회의에 참석할 수 있다. 스프린트가 어떻게 돌아가는지 주요 위협 요소들은 무엇인지를 정확히 파악하기 위해 이보다 더 좋은 방법은 없다.
2) 팀들이 다른 팀의 일일 스크럼 회의에 방문할 수 있다. 자주 있는 일은 아니지만 가끔씩 두 팀이 인접한 장소에서 회의를 하기도 하는데, 서로 동기화를 이루기 위해 각 팀에서 몇 명을 서로 다른 팀의 일일 스크럼 회의에 참석시킨다.

단점은 팀의 자유도가 적어진다는 것이다. 즉, 팀이 원하는 시간에 스크럼 회의를 할 수 없기 때문이다. 그러나 이것이 우리에게는 실제로 문제가 되지 않았다.

소방수 팀

우리는 어떤 대규모 프로젝트에서 스크럼을 적용할 수 없는 상황을 겪었는데, 그 팀이 너무나 많은 시간을 (예를 들어, 조급하게 출시한 시스템에서 발생한 엄청나게 심각한 버그 수정 같은) 장애 제거 활동(firefighting)에 소비했기 때문이었다. 여기에는 시간이 없어서 사전에 화재를 **예방하는 활동**(예를 들어, 디자인 향상, 테스트 자동화, 모니터링 도구나 알람 도구 개발 등)을 하지 못하고 닥친 화재를 진압하기에 급급한, 심각한 악순환이 벌어지고 있었다.

우리는 전담 소방수 팀 혹은 전담 스크럼 팀을 만들어 이런 문제를 해결했다.

스크럼 팀의 임무는 (제품 책임자의 지지를 받으며) 시스템을 안정화하고 장애를 효과적으로 예방하는 것이다. (사실 '지원'이라고 부르는) 소방수 팀에게는 두 가지 임무가 있다.

1) 장애 해결 (화재 진압)

2) 모든 종류의 방해로부터 스크럼 팀을 보호한다. 이를 테면 출처를 알 수 없는 즉흥적인 기능 요청으로부터 팀을 보호한다거나 하는 일이다.

소방수 팀은 문 앞에 위치시키고 스크럼 팀은 방 안쪽에 위치시켰다. 그러자 실제로 소방수 팀은 열의가 넘치는 영업사원이나 화난 고객과 같은 방해로부터 스크럼 팀을 **물리적으로 보호**할 수 있었다.

양쪽 팀 모두에 선임 개발자들을 배치하여 한 팀이 다른 팀의 핵심 역량에 너무 의존하지 않도록 했다.

이것은 기본적으로 스크럼 자체적인 문제를 해결하려는 시도였다. 팀이 자신들의 일에 대한 계획을 세우는데, 한 번에 하루 이상의 시간을 낼 수 없다면 어떻게 스크럼을 시작할 수 있을까? 우리의 전략은 언급한 것처럼 그 팀을 쪼개는 것이었다.

이것은 꽤 잘 먹혔다. 스크럼 팀은 미리 준비하여 일할 수 있는 여유가 생겼기 때문에 결국에는 시스템을 안정화시킬 수 있었다. 그러는 동안에 소방수 팀은 먼저 계획을 세우는 것을 완전히 포기하고, 어떤 무시무시한 이슈가 나타나더라도 완벽하게 대응하여 해결하는 방식으로 일했다.

물론, 스크럼 팀이 **완벽하게** 방해로부터 벗어난 것은 아니다. 소방수 팀은 자주 스크럼 팀의 핵심 인원을 요청하거나, 최악의 경우 팀 전체를 불렀다.

어쨌든 몇 개월 뒤 시스템이 충분히 안정화되면, 소방수 팀을 해체하고 대신 추가 스크럼 팀들을 구성할 것이다. 소방수들은 소방 헬멧을 벗고 스크럼 팀에 복귀하는 것을 꽤나 즐거워했다.

제품 백로그를 나눌 것인가 말 것인가?

하나의 제품과 두 개의 스크럼 팀이 있다고 치자. 제품 백로그를 몇 개나 가지고 있어야 할까? 제품 책임자는 몇 명이어야 할까? 우리는 이 문제를 해결하기 위해 세 개의 모델을 평가해 보았다. 선택 결과는 스프린트 계획회의를 어떻게 진행하느냐에 따라 크게 차이가 난다.

전략 1 : 한 명의 제품 책임자와 제품 백로그 하나

이것은 '오직 하나만 존재'하는 모델로 우리가 선호하는 모델이다.

이 모델의 좋은 점은 여러분이 제품 책임자가 현재 가진 최우선 관심사에 따라 팀을 구성할 수 있다는 점이다. 제품 책임자는 자신이 **필요한 것이 무엇인지** 집중할 수 있으며, 어떻게 일을 나눌 것인지 팀이 결정할 수 있게 한다.

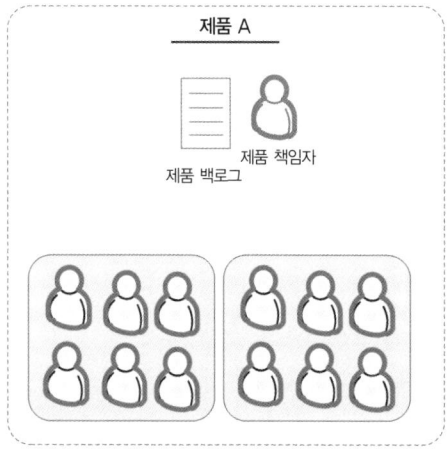

더 구체적으로, 이 팀에서 스프린트 계획회의가 어떻게 진행되는지 살펴보도록 하자.

스프린트 계획회의는 외부 회의실에서 진행한다.

회의 직전에 제품 책임자는 벽면 하나를 '제품 백로그 벽'으로 지정하고 스토리들을 (인덱스 카드를 이용하여) 벽면에 붙인 후 상대적인 우선순위에 따라 순서를 조절한다. 제품 책임자는 벽면이 가득 찰 때까지 카드를 붙이는데, 통상 이렇게 벽에 붙인 스토리들은 한 스프린트 동안 개발하기에 넘칠 정도로 충분하다.

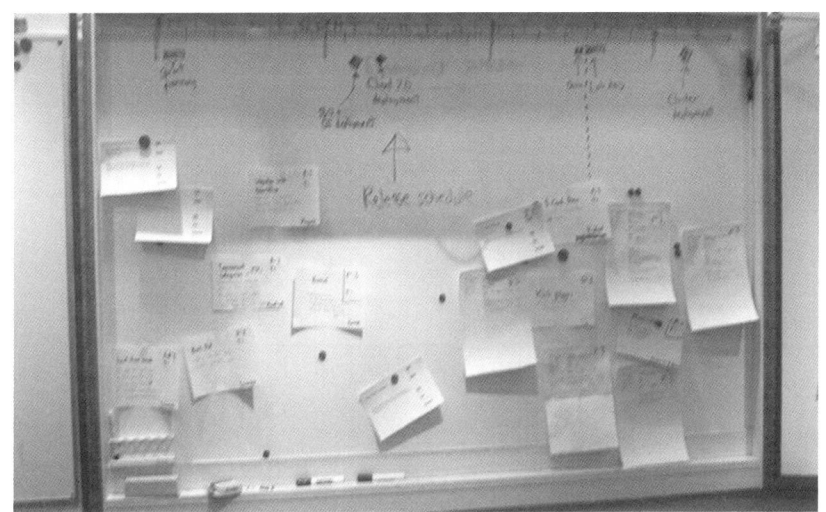

각 스크럼 팀은 자신들이 사용할 빈 벽면을 선택하고 벽에 팀 이름을 붙인다. 이제 그 벽은 그 '팀 벽'이다. 그 다음 각 팀은 제품 백로그 벽의 최상위 우선순위 스토리에서 시작하여 스토리 인덱스 카드 묶음을 집어, 자기 팀 벽에 끌어다 놓는다.

다음 쪽 그림의 화살표는 제품 백로그 벽에서 팀 벽으로 이동한 스토리 인덱스 카드의 흐름을 표시한 것이다.

회의가 진행됨에 따라 제품 책임자와 팀은 인덱스 카드를 가지고 논쟁하고 팀 간에 카드를 옮기기도 하며, 우선순위를 변경하기 위해 카드를 위아래로 옮기거나 인덱스 카드를 작은 항목으로 쪼개는 등의 작업을 하게 된다. 몇 시간이 지난 후에 각 팀은 자기 팀 벽에 스프린트 백로그의 첫 번째 후보 버전을 갖는다. 그 뒤에 팀들은 시간을 추정하고 작업을 세분화하여 독립적으로 일하게 된다.

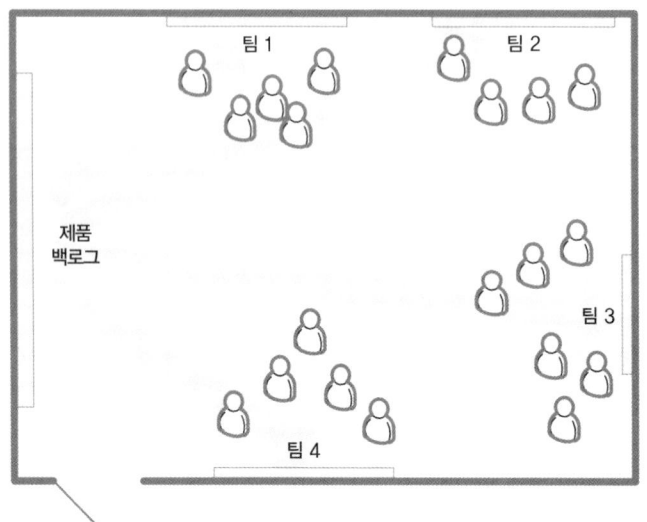

이것은 혼란스럽고 무질서하고 피곤한 일이지만, 한편 효과적이고 재미있는 사회적인 활동이다. 시간이 흐르면 일반적으로 모든 팀들은 팀의 스프린트를 시작하기에 충분한 정보를 갖는다.

전략 2 : 한 명의 제품 책임자와 제품 백로그 여러 개

이 전략에서는 제품 책임자가 팀 당 하나씩 **여러 개**의 제품 백로그를 관리한다. 우리는 실제로 이 접근방식을 시도해보지는 않았지만 비슷하게 해보긴 했다. 이것은 기본적으로 첫 번째 접근방식이 실패할 경우를 대비한 계획이다.

이 전략은 제품 책임자가 팀에 스토리를 할당한다는 것이 약점인데, 이 작업은 십중팔구 팀 자체적으로 하는 것이 더 낫기 때문이다.

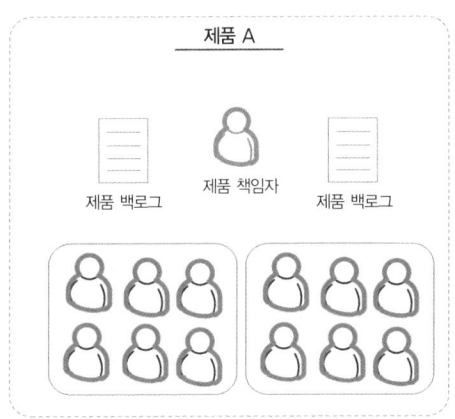

전략 3 : 여러 명의 제품 책임자와 제품 책임자마다 제품 백로그 하나

이 전략은 팀 당 제품 백로그를 하나 갖는다는 점에서 두 번째 전략과 유사하지만, 거기에 팀 당 **제품 책임자**가 한 명씩 있다.

우리는 이 전략을 써본 적이 없다. 그리고 앞으로도 결코 그럴 일은 없을 것이다.

같은 코드 베이스에 대하여 두 개의 제품 백로그를 둔다면, 아마도 두 명의 제품 책임자 간에 심각한 이해관계의 충돌이 발생할 것이다.

각 제품 백로그마다 코드 베이스를 분리한다면, 근본적으로 전체 제품을 작은 제품들로 나누고 각각의 제품들을 독립적으로 실행하는 것과 같다. 이

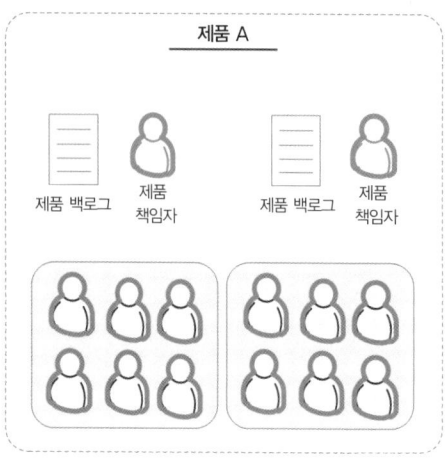

것은 앞서 설명한, 제품 당 하나의 팀을 운영하는 상황(전략 1)과 동일하며 잘 들어맞고 적용하기 쉽다.

코드 가지치기

여러 팀이 하나의 코드 베이스에서 작업한다면 불가피하게 형상관리시스템(SCM)에서 코드 가지치기를 신경 써야만 한다.

동일한 코드 베이스에서 여러 사람이 작업하는 방법에 대해서는 책과 자료가 많이 있으므로, 여기서는 자세하게 설명하지 않겠다. 나에게 새롭거나 혁신적인 내용은 없다. 하지만 지금까지 우리 팀에서 겪었던 가장 중요한 경험 몇 가지를 요약하려고 한다.

- 메인 라인(혹은 줄기)을 일관된 상태로 엄격히 유지하라. 이것은 아무리 못해도 전체 코드가 컴파일되고 모든 단위 테스트를 통과해야만 한다는 것을 의미한다. 이렇게 하면 **어떤 순간**에도 작동하는 릴리스를 만들어 낼 수 있게 된다. 지속 빌드 시스템을 갖추어, 매일 저녁 코드를 빌드하고 테스트 환경에 자동으로 배포할 수 있다면 더 좋다.

- 각 릴리스마다 태그(이름표)를 달라. 여러분이 제품이나 인수 테스트를 하기 위해 릴리스할 때마다, 메인 라인에 정확히 어떤 버전이 릴리스되었는지를 식별하는 버전 태그를 달아야 한다. 이것은 여러분이 나중에 언제든지 과거로 돌아가서 해당 지점에서 유지보수 가지(branch)를 만들 수 있다는 것을 의미한다.
- 꼭 필요할 때만 가지를 새로 만들라. 경험상 좋은 방법은, **오직** 해당 코드라인의 정책을 깨뜨리 않고는 기존 코드라인을 사용할 수가 없을 때만 새로운 코드라인의 가지를 만드는 것이다. 확실치 않을 때는 가지를 만들지 말라. 왜냐구? 활성화된 각각의 가지는 관리와 복잡도 측면에 비용을 유발하기 때문이다.
- 가지는 주로 **생명주기를 달리**할 때 사용하라. 여러분이 각 스크럼 팀 별로 고유한 코드라인을 갖도록 결정할런지는 모르겠다. 하지만 동일한 코드라인에서 장기적인 변경작업과 단기적인 문제수정 작업을 함께 진행한다면, 여러분이 단기적인 문제수정 결과를 릴리스하기가 무척 힘들 것이다.
- 자주 동기화하라. 여러분이 가지에서 작업한다면, 무언가 빌드가 될 때마다 메인 라인에 동기화하라. 매일 여러분이 일을 시작할 때는 메인 라인을 여러분 가지에 동기화하라. 이렇게 하면 다른 팀들에서 수정한 최신 내용이 여러분의 가지에 반영된다. 이런 방식이 여러분에게 머지 지옥(merge-hell)을 선사할지라도, 과거 손놓고 동기화가 될 때까지 기다리던 때보다 낫다는 사실을 받아들여라.

여러 팀 회고

하나의 제품에 여러 팀이 작업을 한다면 스프린트 회고를 어떻게 해야 할까?

스프린트 데모가 끝난 직후(박수치고 서로 어울린 후)에 팀은 각자 자기 팀방으로 이동하거나 사무실 밖에 위치한 안락한 장소로 이동한다. 그들은 내가 15쪽의 「스프린트 계획 수립하기」에서 언급한 것과 유사하게 각자 회고를 진행한다.

스프린트 계획회의 동안(우리는 각 제품 별로 스프린트를 동기화하기 때문에 모든 팀이 참석한다), 우리가 제일 먼저 하는 일은 각 팀에서 한 명씩 자기 팀 회고의 중요한 내용들을 요약하여 발표하도록 한다. 각 팀당 5분 정도 소요된다. 그 후 약 10~20분간 공개 토론을 진행하고, 휴식을 취한 다음 비로소 실제 스프린트 회의를 시작한다.

우리가 여러 팀 상황에 대해 다른 방법은 시도해보지 않았지만, 이 방법은 잘 들어맞았다. 이 방법의 최대 단점은 스프린트 회고 다음과 스프린트 계획회의 전에 휴식 시간이 없다는 것이다. (91쪽의 「스프린트 사이의 휴식 시간」을 참고하라.)

단일 팀이 만드는 제품에 대해서는 스프린트 계획회의 중에 회고 요약을 하지 않는다. 모든 사람들이 실제 회고 미팅에 다 참석하기 때문에 그렇게 할 필요가 없다.

지리적으로 분산되어 있는 팀 다루기

Scrum and **XP** from the Trenches

팀원들이 서로 다른 지역에 떨어져 있다면 어떤 일이 벌어질까?

스크럼과 XP '마법'의 많은 부분들은, 팀원들이 같은 곳에서 짝 프로그래밍을 하고 매일 얼굴을 마주하는 밀접한 협업에 기반한다. 우리에게는 지리적으로 분리된 몇 개의 팀과 종종 재택근무를 하는 팀원들도 있다.

이런 상황에 대한 우리의 전략은 매우 간단하다. 우리는 물리적으로 분리되어 있는 팀들 간에 커뮤니케이션 범위를 최대화하기 위해 모든 수단을 사용한다. 여기서 커뮤니케이션 범위(bandwidth)는 단지 초당 몇 메가비트의 물리적인 통신 속도만이 아니라(물론 이것도 중요하지만), 다음과 같은 폭넓은 의사소통을 의미한다.

- 함께 짝 프로그래밍을 할 수 있음
- 얼굴을 마주보며 일일 스크럼 회의를 할 수 있음
- 아무 때나 얼굴을 마주보며 토론을 할 수 있음
- 직접 대면하고 교제할 수 있음
- 팀 전체 회의를 자연 발생적으로 할 수 있음

- 스프린트 백로그와 스프린트 번다운 차트, 제품 백로그, 그외 정보 방열기 등을 동일한 시각으로 바라볼 수 있음

우리가 적용했었던(혹은 적용 중이거나 아직 우리가 시도해보지 못한 것들도 있다) 몇 가지 조치들은 다음과 같다.

- 워크스테이션마다 웹캠과 헤드셋
- 웹캠, 회의용 마이크, 항상 켜져 있고 사용 가능한 컴퓨터, 데스크탑 공유 소프트웨어 등이 갖춰진 '원격 회의가 가능한' 회의실
- 원격 창(remote window). 지역 별로 하나씩, 서로 다른 장소를 지속적으로 보여주는 큰 화면. 이것은 두 부서 사이의 일종의 가상의 창이다. 여러분은 그 앞에 서서 손을 흔들 수 있다. 여러분은 누가 자리에 앉아 있는지 지금 누구와 이야기하고 있는지 볼 수 있다. 이것은 '이봐 우리가 여기 함께 있어'라는 느낌을 만들어 준다.
- 정기적으로 각 장소의 사람들을 다른 장소로 여행시키거나 방문하도록 하는 교환 프로그램

이러한 기법을 사용하면서 비록 속도는 늦어졌지만, 지리적으로 분산되어 있는 팀원들과 스프린트 계획회의, 데모, 회고, 일일 스크럼 회의 등을 어떻게 해야 하는지 요령을 확실히 터득하기 시작했다.

이 모든 것들은 경험의 소산이다.

관찰 ⇒ 적응 ⇒ 관찰 ⇒ 적응 ⇒ 관찰 ⇒ 적응 ⇒ 관찰 ⇒ 적응 ⇒ 관찰 ⇒ 적응

오프쇼어링[1]

우리는 몇 개의 오프쇼어링(Offshoring) 팀이 있으며, 스크럼을 사용하여 이 문제를 어떻게 효과적으로 다룰 수 있는지 경험하였다. 여기에 적용된 두 가지

주요 전략은 분리된 팀과 분리된 팀원이다.

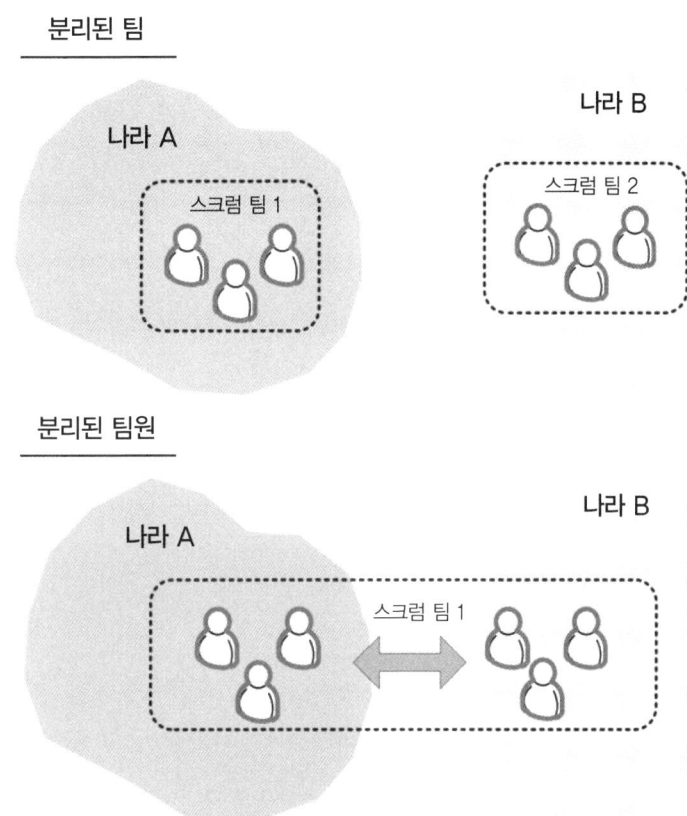

우리는 분리된 팀이라는 첫 번째 전략을 강요 받았지만, 그럼에도 분리된 팀원, 하나의 스크럼 팀이라는 두 번째 전략을 선택했다.

1. 우리는 팀원들이 서로 잘 알기 원한다.
2. 우리는 두 지역 사이에 뛰어난 커뮤니케이션 인프라를 원하는데, 각 팀

---

1 (옮긴이) 아웃소싱 담당회사를 통해서 IT 등 서비스 분야의 인력을 다른 나라에서 고용하는 경영기법을 지칭함. 해외에서의 아웃소싱(offshore outsourcing)의 줄임말로서 글로벌 소싱(global sourcing)이라고도 함.

이 그것을 구축할 수 있도록 강한 동기를 부여하기 원한다.
3. 초반에는 오프쇼어링 팀의 규모가 너무 작아서 그들 스스로 효과적인 스크럼 팀을 구성할 수 없다.
4. 우리는 독립적인 오프쇼어링 팀을 운영할 수 있게 되기 전에 집중적인 지식 공유 기간을 갖기 원한다.

장기적인 안목으로 보면 '분리된 팀' 전략으로 가는 것이 당연하다.

재택근무하는 팀원

때로는 집에서 일하는 것이 정말 좋을 수 있다. 가끔 여러분은 회사에서 일주일 내내 일하는 것보다 집에서 하루 동안 더 많이 프로그래밍을 할 수 있다. 단 여러분에게 아이가 없다면 말이다.

하지만 스크럼의 기본 중 하나는 팀 전체가 물리적으로 모여있는 것이다. 그럼 우린 어떻게 해야 할까?

기본적으로 우리는 재택근무를 언제, 얼마나 자주 하면 좋을지를 팀들이 스스로 결정하도록 한다. 일부 팀원들은 장거리 통근을 해야 하기 때문에 정기적으로 재택근무를 한다. 그러나 우리는 '대부분'의 시간에 물리적으로 모여있을 것을 권장한다.

팀원들이 집에서 일할 때는 스카이프(Skype) 음성통화(때로는 영상통화)를 사용하여 일일 스크럼 회의에 참석한다. 그들은 하루 종일 메신저에 온라인 상태를 유지한다. 같은 방 안에 있지 않아서 좋진 않지만 이 정도면 충분하다.

한때 우리는 수요일을 **집중 근무일**로 지정하여 운영했었다. 그것은 기본적으로 "당신이 집에서 일하기 원한다면 좋습니다. 하지만 수요일에만 그렇게 하세요. 그리고 팀의 확인을 받으세요."라는 의미였다. 우리가 시도했었던 그 팀에서는 꽤나 잘 운영됐다. 팀원 대다수는 떨어져 있으면서도 여전히 협업을 아주 잘 하면서 많은 일들을 해냈다. 하루뿐이었기 때문에 팀원들이 서로 동기화가 되지 않는 문제는 없었다. 하지만 몇 가지 이유로 이 방식은 다른 팀들에게 인기를 끌지 못했다. 그러나 팀원 전부가 집에서 일하는 것이 우리에게는 큰 문제가 아니었다.

Scrum and **XP** from the Trenches

스크럼 마스터 체크리스트

이번 마지막 장에서 나는 여러분에게 우리 스크럼 마스터들의 가장 일반적인 관리 절차들을 나열한, 스크럼 마스터 체크리스트를 소개하고자 한다. 이것들은 잊어버리기 쉬운 것들이다. '팀의 장애 요소를 제거하라'와 같이 너무나 당연한 것들은 생략하였다.

스프린트 초기

- 스프린트 계획회의 후 스프린트 정보 페이지를 만든다.
    - 위키 상황판에 여러분의 스크럼 페이지 링크를 추가하라.
    - 페이지를 출력하여 여러분 팀 앞 사람들이 지나다니는 벽에 붙여라.
- 새로운 스프린트가 시작되었다는 것을 전원에게 공지하라. 메일에는 스프린트 목표와 스프린트 정보 페이지의 링크를 포함시켜라.
- 스프린트 통계 문서를 갱신하라. 여러분의 추정 속도, 팀 크기, 스프린트 길이 등을 추가하라.

매일

- 일일 스크럼 회의가 제때에 시작되고 마치도록 하라.
- 스프린트 일정계획을 준수할 수 있는 만큼만 스프린트 백로그에서 스토리들을 추가/삭제하라.
- 제품 책임자가 이러한 변경사항을 알게 하라.
- 팀이 스프린트 백로그와 소멸차트를 항상 최신으로 유지하라.
- 제품 책임자와 개발 총책임자에게 문제/장애 요소들이 발견되거나 해결되었다는 것을 보고하라.

스프린트 종료

- 스프린트 데모를 실시하라.
- 하루나 이틀 전에 데모가 있다는 것을 모든 사람들에게 알려라.
- 전 팀원과 제품 책임자가 함께 스프린트 회고를 실시하라. 개발 총 책임자도 초대하라. 그가 팀이 얻은 교훈을 널리 전파하는 데 도움을 줄 수 있을 것이다.
- 스프린트 통계 문서를 갱신하라. 실제 속도와 회고의 주요 내용들을 추가하라.

Scrum and XP from the Trenches **18**

글을 마치며

와! 이렇게 길게 쓰여질 것이라고는 생각하지 못했다.

여러분이 스크럼을 처음 접하든 이미 노련한 전문가든지 간에, 이 책이 여러분에게 유용한 아이디어를 주었길 바란다.

스크럼은 각각의 상황에 맞게 수정되어야만 하기 때문에, 어떤 실천법이 항상 최고라는 식의 논쟁은 그다지 건설적이지 않다. 그럼에도 나는 여러분의 피드백에 관심이 많다. 여러분의 접근방법이 나와는 어떻게 다른지 알고 싶다. 어떻게 개선할 수 있을지 나에게 아이디어를 전해주기 바란다.

직접 연락하는 데 부담 가질 필요는 없다. 이메일 주소는 henrik.kniberg@cripse.se 이다. scrumdevelopment@yahoogroups.com으로 연락해도 좋다.

이 책이 마음에 들었다면 나의 블로그(http://blog.crisp.se/henrikkniberg)에도 종종 들러 주길 바란다. 자바와 애자일 소프트웨어 개발에 관한 글을 남겨 주면 좋겠다.

추천 도서

여기 내게 많은 영감과 아이디어를 주었던 책 몇 권을 나열하였다. 적극 추천한다!

- 『린 소프트웨어 개발』 메리 포펜딕, 톰 포펜딕 지음, 김정민 외 옮김 (인사이트, 2007)
- 『불확실성과 화해하는 프로젝트 추정과 계획』 마이크 콘 지음, 이병준 옮김 (인사이트, 2008)
- 『조엘 온 소프트웨어』 조엘 스폴스키 지음, 박재호 외 옮김 (에이콘, 2005)
- 『린 소프트웨어 개발의 적용』 메리 포펜딕, 톰 포펜딕 지음, 엄위상 외 옮김 (위키북스, 2007)
- 『스크럼』 켄슈와버, 마이크 비들 지음, 박일 외 옮김 (인사이트 2008)
- 『맨먼스 미신』 프레더릭 브룩스 지음, 김성수 옮김 (케이앤북스, 2007)
- 『익스트림 프로그래밍』 켄트 벡, 신시아 안드레스 지음, 김창준 외 옮김 (인사이트, 2006)
- 『피플웨어』 톰 디마르코, 티모시 리스터 지음, 박승범 옮김 (매일경제신문사, 2003)

지은이 소개

헨릭 크니버그 (henrik.kniberg@crisp.se)는 스톡콜롬에 위치한 크리스프 사(Crisp社)의 자바와 애자일 소프트웨어 개발 관련 컨설턴트다.

XP 책을 처음 접하고 애자일 현장을 알고 난 이후, 헨릭은 애자일 원칙들을 받아들이고 어떻게 하면 그것들을 서로 다른 조직에 효율적으로 적용할 수 있을 것인가에 대해 공부해 왔다. 그는 1998년부터 2003년까지 고야다 사(Goyada 社)의 공동 창업자이며 CTO로서, 기술 플랫폼과 30명의 개발팀을 만들고 관리하면서 테스트 주도 개발과 기타 애자일 실천법들을 실험할 기회가 충분했다.

2005년 후반에 헨릭은 게임 분야에 있는 한 스웨덴 회사의 개발 총책임자로 부임하였다. 그 회사는 시급한 조직적인 문제와 기술적인 문제를 안고 있는 위기 상황이었다. 헨릭은 스크럼과 XP를 도구로 사용하여 회사 전체에 애자일과 린 원칙들을 구현함으로써 회사를 위기 상황에서 구했다.

2006년 11월 어느 금요일, 헨릭은 고열로 침대에 누워 있으면서 과거 몇 년 동안 그가 배웠던 것들을 자신을 위해 적어보기로 결심했다. 그러나 글을 쓰기 시작하자 멈출 수가 없었다. 3일간 미친듯이 타이핑을 하고 그림을 그린 후, 그 초기 메모들에《Scrum and XP from the Trenches》라는 제목을 붙여 80쪽 정도의 문서로 풀어냈고 결국 그 원고는 이 책으로 발전하였다.

헨릭은 총체적인 접근방식을 택하여 관리자, 개발자, 스크럼 마스터, 강사, 코치와 같이 서로 다른 역할을 해보는 것을 즐긴다. 그는 어떤 역할이든지 필요할 때 그 역할을 맡아서, 회사가 뛰어난 소프트웨어를 개발하고 훌륭한 팀을 만들도록 열정적으로 돕고 있다.

헨릭은 일본에서 자랐지만 지금은 스톡홀름에서 부인 소피아와 두 아이와 함께 살고 있다. 여가 시간에 그는 지역 밴드와 함께 음악을 작곡하고 베이스 기타와 키보드를 연주하며 뮤지션으로 활발히 활동하고 있다. 더 많은 정보는 http://www.crisp.se/henrik.kniberg 사이트를 참고하라.

부록 1 | **Scrum** and **XP** from the Trenches

스크럼 입문
The Scrum Primer Ver. 1.1[1]

피트 디머(Pete Deemer)
가브리엘 베네필드(Gabrielle Benefield)
크레이그 라만(Craig Larman)
바스 보드(Bas Vodde)

독자들을 위한 메모: 인터넷에는 스크럼에 관한 간단한 자료들이 많이 있습니다. 이 입문서는 그러한 자료들보다 좀더 자세한 내용을 설명하기 위한 것입니다. 그렇다고 이 자료가 스크럼 교육의 최종 단계를 의미하지는 않습니다. 스크럼을 적용하려는 팀은 켄 슈와버의 두 책『스크럼: 팀의 생산성을 극대화시키는 애자일 방법론(Agile Software Development with Scrum)』혹은『스크럼을 통한 애자일 프로젝트 관리(Agile Project Management with Scrum)』를 옆에 둘 것을 추천합니다. 그리고 훌륭한 스크럼 교육과 강의가 많으니 그것들을 활용해 보십시오. 자세한 정보는 scrumalliance.org 사이트를 참고하세요. 아낌 없는 관심과 아이디어를 제공해 준 켄 슈와버, 제프 서더랜드 박사, 마이크 콘에게 감사드립니다.

ⓒ 2008 피트 디머, 가브리엘 베네필드, 크레이그 라만, 바스 보드

---
1 최신 버전은 이곳에서 확인하세요. http://scrumtraininginstitute.com/home/stream_download/scrumprimer | Certified Scrum Training Worldwide | www.ScrumTI.com

전통적인 소프트웨어 개발

크고 작은 회사들이 전통적으로 사용한 소프트웨어 개발 방식은 소위 '폭포수 모델'이라고 알려진 순차적인 생명주기 모델이다. V 모델과 같이 여러 변종이 있지만, 이것은 전형적으로 계획 단계부터 상세하게 최종 제품을 설계하고 이를 세부 사항까지 문서화하는 특징이 있다.

설계대로 구현하기 위해 필요한 작업들을 결정하고, 간트 차트나 마이크로소프트 프로젝트 같은 도구를 이용하여 이것들을 체계적으로 정리한다. 각 개별 단계에 대한 상세한 추정치들을 모두 합하여 총 개발 시간에 대한 추정치를 구한다. 프로젝트 이해당사자들이 이 계획을 철저히 검토하여 승인을 하고 나면 비로소 팀은 일을 시작한다. 팀 구성원들은 마치 생산라인에서처럼 자기에게 할당된 일을 완성하여 다음 사람에게 넘긴다.

모든 작업이 끝나면 제품이 테스트 조직(품질보증팀으로 불리기도 한다)으로 이관되어 고객 인도 전에 필요한 테스트를 수행한다. 전체 프로세스에 걸쳐 애초에 설계했던 그대로 제품이 개발되도록 하기 위해 계획이 어긋나지 않도록 철저한 통제가 이루어진다.

이 접근방법에는 장점과 약점이 있다. 가장 큰 장점은 매우 논리적이라는 점이다. 만들기 전에 생각하고, 모든 것을 문서화하고, 계획을 준수하며, 가능한 한 모든 것을 조직화된 상태로 유지한다는 것이다.

하지만 큰 약점도 하나 있다. 사람의 문제가 개입될 때 나타나는 약점이다. 예를 들어 이 접근방법에서는 계획서를 작성하는 릴리스 주기 초반에 계획서에 반영할 좋은 아이디어들이 모두 나와야 한다. 하지만 우리 모두가 알고 있듯이 좋은 아이디어들은 프로세스 전체에 걸쳐(프로세스 초반/중반에, 가끔은 심지어 점심식사 전에) 나타나며, 변화를 허용하지 않는 프로세스는 이러한 혁신을 억압한다. 폭포수 모델에서 릴리스 주기 후반부에 나타나는 뛰어난 아이디어는 선물이 아니라 위협이다.

또한, 폭포수 방식에서는 중요한 정보를 전달하는 일차 방법으로 문서화를 매우 강조한다. 내 머리 속에 있는 것들을 최대한 문서로 작성해 낼 수 있다면, 팀 전체의 머릿속에 더욱 잘 전달할 수 있을 것이고, 문서로 만들었다는 것은 내가 일을 완료했다는 명백한 증거라는 가정은 매우 합리적이다.

하지만 현실에서는 상세하게 작성된 50페이지짜리 요구사항 문서를 제대로 읽는 사람이 별로 없다. 또한 사람들이 읽더라도 오해가 자주 일어난다. 내 아이디어를 문서로 잘 옮긴다 하더라도 온전히 담아내지 못하고, 그것을 여러분이 읽으면서 또다시 추상화하게 되는 것과 같다. 여러분에게 형성된 이미지는 처음에 내가 말하려고 했던 생각에서 두 단계나 거친 것이다. 심각한 오해가 일어나는 것도 놀랄 일은 아니다.

사람이 개입되어 있을 때의 또 다른 특징은 실제적인 경험을 통해 "아하!" 하는 순간이 있다는 것이다. 처음으로 작동하는 제품을 사용해 보는 순간, 여러분은 순식간에 "이렇게 했더라면 제품이 더 나았을 텐데"라는 아이디어가 한 20가지 정도는 떠오를 것이다. 불행하게도 이러한 매우 값진 통찰은 대개 제품을 수정하기가 가장 어려운 때인 릴리스 주기 종료 시점에 나타난다. 바꾸어 말해 전통적인 방식을 사용한다면, 제대로 할 수 있게 되었을 때가 비용이 가장 많이 든다는 것이다.

인간에게는 미래를 내다볼 수 있는 능력이 없다. 예를 들어, 여러분의 경쟁사에서 예상치 못했던 발표를 한다든지, 예기치 못한 기술적인 문제들이 터져서 방향을 수정할 수밖에 없는 상황이 온다든지 말이다. 더욱이 먼 미래의 불확실한 것들을 계획하는 경우라면 말할 것도 없다. 오늘, 지금부터 8개월 뒤에 여러분이 한 주를 어떻게 보낼 것인지 추측하는 것은 공상에 가깝다. 정성들여 만든 간트 차트가 그동안 실패했던 이유가 여기 있다.

또한, 순차적인 생명주기는 일을 넘겨주는 사람과 넘겨받는 사람들 간에 적대적인 관계를 조장하는 경향이 있다. "그 사람이 명세서에 없는 것을 만들어 달라고 요구해요." "그 사람이 마음을 바꿨어요." "내가 관리하지 않는 것을 내가 책임질 수는 없어요." 이런 경향은 그다지 재미있지 않은 순차적 개발의 또 다른 면을 보여준다. 바로 폭포수 모델이 제품을 만드는 사람들에게 끔찍한 결과를 가져다 준다는 것이다. 최종 제품은 창의력과 기술, 만든 사람들의 열정에 크게 못 미친다. 사람은 로봇이 아니다. 사람이 로봇처럼 행동하기를 요구하는 프로세스는 불행을 초래한다.

경직되어 있고 변화에 저항하는 프로세스는 그저 그런 제품을 만들어 낸다. 고객은 최초에 요구했던 것을 (최소한 두 단계 해석 과정 없이) 손에 쥐겠지만, 그것이 고객이 정말로 원했던 것일까? 초기에 모든 요구사항을 수집한 다음 그것을 절대로 변경하지 못하게 함으로써, 사람들이 경험하면서 새로운 것들을 발견하더라도 고작 초기 아이디어 수준의 제품에서 벗어날 수 없게 만든다.

순차적인 생명주기를 따르는 많은 사람들은 이러한 문제들을 반복해서 경험한다. 그러나 프로세스가 너무나 논리적으로 보이기 때문에 문제가 생겼을 때의 반응은 대부분 "우리가 더 잘했다면 문제가 없었을 텐데……"와 같이 자신들을 탓한다. 우리가 계획을 더 많이 하고, 문서를 더 잘 만들고, 변화를 더 억제한다면 모든 것들이 잘 될 거야라는 식이다.

불행하게도 많은 팀들은 반대의 결과를 얻게 된다. 더 열심히 할수록 상황은 더 나빠진다! 폭포수 모델에 자신의 이름을 내건 (그리고 많은 자원을 투자한) 경영진들도 많다. 이들에게는 근본적으로 다른 모델로 바꾸는 것이 실수를 명백하게 인정하는 셈이 된다. 그런데 스크럼은 근본적으로 다른 모델이다.

애자일 개발과 스크럼

애자일 계열의 개발 방법들은 기존에 잘 알려진 반복적이고 점진적인 생명주기 접근방식으로부터 진화하였다. 이 방법들은 실제 인간의 삶(제품 개발에서의 학습, 혁신, 변화라는 현실)을 반영하는 접근방법이 더 나은 결과를 만들어 낼 것이라는 믿음에서 출발했다. 애자일 원칙에서는 초기에 명세서를 작성하느라 많은 시간을 보내는 대신, 작동하는 소프트웨어를 만들어 사람들의 손에 신속하게 전달할 것을 강조한다.

애자일 개발은 기능에 따라 팀을 나누고 거대하게 계층 구조를 만드는 대신, 자립적 의사결정 권한을 가진 교차기능팀을 중시한다. 또한 개발을 진행하는 내내 지속적으로 고객의 개입을 허용하면서 빠르게 반복하는 데 주목한다. 많은 사람들이 애자일 개발이나 스크럼을 배우면서 이 방법이 마치 예전에 자신들이 그냥 그렇게 했던 그때와 비슷하다는 느낌을 가진다.

현재까지 가장 인기 있는 애자일 방법이 스크럼이다. 스크럼은 1986년 〈하버드 비즈니스 리뷰〉에 소개된 제품 개발 그룹들의 성공한 실천법에서 큰 영향을 받았다. 이 기사에서 '스크럼'이라는 용어가 처음 소개되었다. 성공적인 제품 개발 팀이 럭비 게임에서의 자기 조직화(자율 관리)된 스크럼 대형과 흡사하다는 점에 착안한 것이었다.

이후 스크럼은 1993년에 켄 슈와버와 제프 서더랜드 박사에 의해 틀을 갖추게 되었다. 이제 스크럼은 야후, 마이크로소프트, 구글, 록히드 마틴, 모토롤라, SAP, 시스코, GE, 캐피탈원(CapitalOne), 미국 연방 준비제도 이사회 등 크고 작은 회사에서 사용되고 있다. 스크럼을 사용하는 많은 팀들이 생산성과 팀의 사기 측면 모두에서 두드러진 개선이 있었다고 보고하고 있으며, 몇몇 사례에서는 팀이 완전히 변화되었다고 한다. 유행처럼 한 달이 멀다하고 바뀌는 관리 방식에 넌더리가 나 있을 제품 개발자들에게 있어서 이러한 변화는 의미심장한 것이다. 스크럼은 단순하지만 강력하다.

스크럼 요약

스크럼은 프로젝트와 제품 혹은 애플리케이션 개발을 위한 반복적이며 점진적인 프레임워크다. 스프린트라고 하는 작업 주기를 반복하며 개발을 진행한다. 이러한 반복주기는 보통 1~4주 정도이다. 스프린트 기간은 고정되어 있다. 즉, 정해진 날이 되면 일이 끝나지 않았더라도 스프린트를 마쳐야 한다. **기간을 절대로 연장하지 않는다.** 이를 가리켜 **타임박스**(timebox)되었다고 한다. 각각의 스프린트를 시작할 때 교차기능팀은 우선순위가 매겨진 목록으로부터 할일(고객 요구사항)을 선택한다. 팀은 해당 스프린트의 종료시점에 선택한 항목들을 완료할 것을 약속한다. 스프린트가 진행되는 동안에 선택된 항목들은 바뀌지 않는다. 매일 팀 전체가 모여 서로의 진행상황을 간단히 설명하고 앞으로 남은 일이 얼마인지 보여주는 간단한 차트를 계속 갱신한다. 스프린트 종료 시점에 팀은 이해당사자들과 함께 스프린트를 리뷰하고, 팀이 만든 결과물을 데모한다. 사람들은 피드백을 얻게 되고 다음 스프린트에 반영할 수 있다. 스크럼은 스프린트의 종료 시점에 실제로 '완료' 되어 작동하는 제품이 나와야 함을 강조한다. 소프트웨어의 경우에 이것은 코드가 통합되었고 완전히 테스트되었으며 잠재적으로 출시가 가능한 상태임을 의미한다. 주요 역할, 산출물, 이벤트를 그림1에 요약하였다.

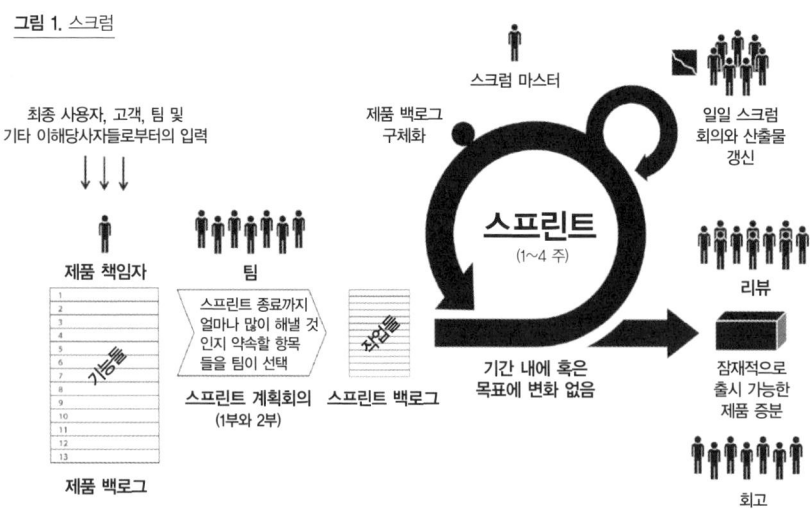

그림 1. 스크럼

스크럼의 핵심 주제는 '관찰하고 적응하라'다. 개발은 필연적으로 학습과 혁신, 깨우침을 동반하기 때문에, 스크럼은 개발 주기를 짧게 가져감으로써 개발된 제품과 현재 일하는 방식의 효능을 관찰하고 제품의 목표와 프로세스 실천법들을 조정해 적응할 것을 강조한다. 이 과정이 끝없이 이어진다.

스크럼 역할들

스크럼에는 중요한 역할을 하는 세 가지 요소가 있다. 제품 책임자, 팀 그리고 스크럼 마스터다. **제품 책임자**에게는 제품의 기능을 식별하여 우선순위를 매겨서 목록을 만들고, 스프린트를 시작할 때 어떤 항목을 목록의 맨 위에 올릴 것인지를 결정함으로써 투자수익률(ROI)을 극대화할 책임이 있다.

그리고 계속해서 우선순위를 재조정하거나 목록을 구체화한다. 상용 제품일 경우 제품 책임자는 이윤과 손실에 대한 책임도 진다. 사내 애플리케이션의 경우, 제품 책임자는 (이윤을 창출하는) 상용 제품만큼의 ROI 책임은 없지만, 여전히 매 스프린트 최소 비용으로 최대 비즈니스 가치를 만들어 내도록 항목들을 선택하여 ROI를 극대화할 책임이 있다.

경우에 따라 제품 책임자와 고객이 같은 사람일 때도 있는데, 내부 애플리케이션을 개발하는 경우에는 흔한 일이다. 하지만 대부분의 경우에는 다양한 요구사항을 가진 수많은 사람들이 고객일 테고 이러한 경우에 제품 책임자의 역할은 여러 개발 조직에서 볼 수 있는 제품 관리자나 제품 홍보 관리자 정도와 유사하다. 하지만 스크럼에서의 제품 책임자는 일반적인 의미의 제품 관리자와는 조금 다르다. 주요 의사결정을 프로젝트 관리자에게 위임하기보다, 직접 우선순위를 부여하고 2주 혹은 4주의 이터레이션이 끝날 때마다 결과물을 검토하는 등 적극적이고 빈번하게 팀과 소통해야 하기 때문이다. 스크럼에는 제품 책임자의 역할을 수행하며 제품의 최종 결정권을 갖는 사람이 반드시 한 명 있어야 한다는 점은 매우 중요하다.

팀은 고객이 사용하게 될 제품(예를 들어, 애플리케이션이나 웹 사이트)을 개발한다. 스크럼에서의 팀은 스프린트마다 잠재적으로 출시 가능한 수준의 제품을 고객에게 전달하기 위해 필요한 모든 전문가들이 포함되어 있는 '교차 기능팀'이며, 매우 높은 수준의 자율권과 책임감을 갖는 '자기 조직화 (자율 관리) 팀' 이다.

스크럼에서 팀은 팀 관리자나 프로젝트 관리자에 의해 주도되기보다는 자기 조직화한다. 팀은 어떤 것을 약속할 것인지, 어떻게 해야 약속한 것을 가장 잘 달성할 수 있는지 결정한다. 스크럼 식으로 말하자면 팀은 '돼지', 조직 내 다른 사람들은 '닭'에 해당한다. (돼지와 닭의 비유는 돼지와 닭이 '햄과 달걀'이라는 레스토랑을 함께 열기로 결정했다가 돼지 생각에 "나는 정말로 내 살을 베어내야 하지만 닭은 그저 달걀로 참여만 하겠군."이라며 거절했다는 이야기에서 따온 것이다.)

스크럼에서 팀은 7±2명으로 구성되며, 소프트웨어 제품의 경우 팀에는 분석가, 개발자, 인터페이스 설계자, 테스터가 포함될 수 있다. 팀은 제품을 개발하고 제품 책임자에게 어떻게 하면 제품을 최고로 만들지에 관한 아이디어를 제공한다. 스크럼에서 팀은 스프린트 동안에 여러 제품이나 프로젝트를 누비며 멀티태스킹 하는 것을 피하고, 하나의 제품이 제대로 동작하는 데 100% 집중해야 한다. 안정적인 팀이 생산성이 높기 때문에 팀원 변경을 가급적 피한다. 하나의 프로젝트에 인원이 많은 경우에는 여러 스크럼 팀으로 조직화하여 각 팀이 제품의 서로 다른 기능에 집중하면서 서로 밀접하게 협력한다. 하나의 완벽한 고객 중심 기능이 돌아가는 데 필요한 모든 일(계획, 분석, 프로그래밍, 테스팅)을 수행하기 때문에, 스크럼 팀을 **기능 팀**이라고도 부른다.

스크럼 마스터는 제품 그룹이 스크럼을 배우고 적용하여 비즈니스 가치를 획득하도록 돕는다. 스크럼 마스터는 자기가 할 수 있는 범위 내에서 모든 것을 하여 팀이 성공하도록 돕는다. 스크럼 마스터는 팀의 관리자나 프로젝트 관리자가 아니다. 대신 스크럼 마스터는 팀에 봉사하고 외부의 방해로부터 팀을 보호하며, 스크럼을 익숙하게 사용하도록 제품 책임자와 팀을 교육하고 안내한다. 스크럼 마스터는 팀 전체(제품 책임자와 관리자들까지 포함)가 스크럼의 실천법들을 제대로 이해하고 따르는지를 확인하고, 조직이 애자일 개발을 도입하여 성공에 이르기 위해 필요한 여러 어려운 변화 과정을 잘 통과하도록 이끈다. 스크럼은 팀과 제품 책임자가 효과적으로 일하는 데 방해가 되는 요소들이 드러나도록 하기 때문에, 열정적으로 그러한 이슈 해결을 돕는 전담 스크럼 마스터를 두는 것이 중요하다. 만일 그렇지 않다면 팀이나 제품 책임자가 성공하기 어려울 것이다. 작은 팀에서는 팀원 한 명이 이 역할을 수행할 수도 있겠지만(역할을 수행할 때는 작업량을 낮추어 준다), 일반적으로는 팀마다 한 명의 전담 상근 스크럼 마스터를 두어야 한다. 뛰어난 스크럼 마스터가 되는 데는 배경이나 분야(공학, 설계, 테스팅, 제품 관리, 프로젝트 관리, 품질 관리 등)가 별로 중요하지 않다.

스크럼 마스터와 제품 책임자가 같은 사람이어서는 안 된다. 때때로, 스크럼 마스터는 팀원들로부터 스프린트 중간에 새로운 기능을 추가할 수 있도록 제품 책임자를 설득해 달라는 요청을 받을 수 있다. 프로젝트 관리자와 달리 스크럼 마스터는 사람들에게 무엇을 해야 하는지 말하거나 그들에게 업무를 할당하지 않는다. 단지 그 과정이 잘 진행되도록 도와주고, 팀이 스스로를 조직하고 관리하는 것을 지원할 뿐이다.

만약 스크럼 마스터가 과거에 그 팀의 관리자였다면, 팀이 스크럼을 통해 성공할 수 있도록 기존의 마음가짐이나 소통 방식을 확 바꾸어야 할 것이다. 과거에 관리자였던 사람이 스크럼 마스터 역할을 하게 되는 경우에는, 자신이 맡았던 팀이 아닌 다른 팀을 지원하는 것이 낫다. 그렇지 않으면 조직 내 역학관계에 의한 문제가 발생할 소지가 있다.

스크럼에서는 프로젝트 관리자 역할이 없다는 점에 주목하라. 가끔 (이전) 프로젝트 관리자가 스크럼 마스터 역할을 하려고 할 수 있지만, 이것은 성공을 보장할 수 없다. 기본적으로 두 역할은 평상시 책임 측면과 역할을 성공적으로 수행하기 위한 사고방식 측면이 근본적으로 다르기 때문이다. 스크럼 마스터 역할을 완벽하게 이해하고, 성공을 위해 필요한 핵심 기술들을 개발하고자 한다면 스크럼 얼라이언스(Scrum Alliance)에서 제공하는 공인 스크럼 마스터 과정부터 시작하면 될 것이다.

여기서 언급한 세 가지 역할 외에, 제품을 성공으로 이끄는 데에는 관리자를 포함하여 여러 공헌자들이 존재한다. 스크럼 내에서 그들의 역할은 바뀌었지만 여전히 그들은 소중하다. 예를 들면,

그들은 스크럼의 규칙과 정신을 존중함으로써 팀을 지지한다.
그들은 팀이 식별한 장애요소를 제거하는 데 도움을 준다.
그들은 자신들의 전문지식과 경험을 팀에 제공한다.

스크럼에서는, 과거에 '보모' 역할(작업을 할당하고, 상황 보고를 받는 등 세세한 것까지 관리하는 여러 가지 형태의 일)을 하던 사람들에게 팀의 '현자' '섬김이'(팀원들을 멘토링하고 코칭하며, 팀원들의 장애 제거와 문제 해결을 도우며, 팀원들에게 창의적인 생각을 불어넣고, 개발 기술을 안내하는) 역할을 하라고 주문한다. 이러한 변화 속에서 관리자는 자신들의 관리 스타일을 바꾸어야 할 것이다. 예를 들어 간단하게 해결책을 결정하고 팀에게 그것을 할당하는 대신, 소크라테스식 문답법을 사용하여 팀이 문제의 해결책을 찾도록 도와줄 수 있다.

스크럼 시작하기

스크럼의 첫 걸음은 제품 책임자가 제품의 비전을 명확히 표현하는 것에서부터 출발한다. 제품에 대한 비전이 나중에 **제품 백로그**라고 부르는, 구체화되고 우선순위가 부여된 기능 목록으로 발전한다. 제품 백로그는 제품의 수명

이 다할 때까지 존재(하며 진화)한다. 제품 백로그는 제품의 로드맵이다 (그림 2 참조). 어느 시점에서나 제품 백로그가 의미하는 것은 '앞으로 팀이 완료할 수 있는 모든 것을 우선순위에 따라 정리한 것'에 대한 단 하나의 선언이다. 제품 백로그는 오로지 하나만 존재한다. 이것은 제품 책임자가 제품 모든 영역의 결정들에 대해 우선순위를 부여해야 한다는 것을 의미한다.

그림 2. 제품 백로그

아이템	상세내용 (위키URL 주소)	우선 순위	추정 가치	초기 작업량 추정	스프린트별 잔여 작업량 추정					
					1	2	3	4	5	6
구매자로서, 나는 주문을 장바구니에 담기 원한다. (UI 스케치는 위키 페이지 참조)	...	1	7	5						
구매자로서, 나는 주문을 장바구니에서 제거하기 원한다.	...	2	6	2						
트랜잭션 처리 성능 개선하기 (위키에 목표 성능치 참조)	...	3	6	13						
신용카드 검증기능의 속도 향상 해결책 발굴하기 (위키에 목표 성능치 참조)	...	4	6	20						
모든 서버를 아파치 2.2.3으로 업그레이드하기	...	5	5	13						
주문 처리 스크립트 오류 조사 및 해결하기 (버그질라 ID 14823)	...	6	2	3						
쇼핑 손님으로서, 내가 찜한 상품 목록(wishlist)을 만들고 저장하기 원한다.	...	7	7	40						
쇼핑 손님으로서, 나는 찜한 상품 목록에 항목을 추가하거나 삭제하기 원한다.	...	8	4	20						

제품 백로그에는 다양한 항목들이 존재한다. 기본적으로 새로운 고객요청 기능('모든 사용자가 장바구니에 책을 넣을 수 있다')은 물론이고 기술적인 개선 목표('규모 확장성을 위해 트랜잭션 처리 모듈을 재작업한다'), 탐구 혹은 연구 작업('신용카드 검증기능의 속도 향상 해결책 발굴하기') 그리고 문제가 별로 없는 경우에는 알려진 결함('주문 처리 스크립트 오류 조사 및 해결하기')까지도 포함할 수 있다.

(결함이 많은 시스템은 대개 별도의 버그 추적 시스템을 사용한다.) 많은 사람들이 요구 사항을 '사용자 스토리'로 간결하게 표현하고, 제품의 최종 사용자에게 줄 수 있는 가치라는 관점으로 기능을 명확하게 기술하는 것을 선호한다.

제품 백로그의 항목들 중에서 현재 진행 중인 릴리스에 포함시킬 부분을 **릴리스 백로그**라고 하며, 일반적으로 제품 책임자의 주된 관심 대상은 이 부분이다.

제품 책임자는 고객의 요구, 새로운 아이디어나 통찰, 경쟁업체의 움직임, 기술적 장애요소 등의 변화들을 반영하여 제품 백로그를 지속적으로 갱신한다. 팀은 제품 백로그 상의 각 항목들에 대해 필요한 작업량을 추정하여 제품 책임자에게 전한다. 또한 제품 책임자는 각 개별 항목들에 대한 비즈니스 가치를 추정할 책임이 있다. 하지만 비즈니스 가치를 추정하는 것은 일반적으로 제품 책임자에게 생소한 일이다. 따라서 스크럼 마스터는 제품 책임자가 비즈니스 가치를 스스로 추정할 수 있을 때까지 도와줄 필요가 있다. 이 두 가지 추정치(작업량과 가치)와 필요하다면 리스크 추정치까지 고려하여, 제품 책임자는 ROI를 극대화하고 주요 리스크를 줄일 수 있도록 백로그(사실은 일반적으로 릴리스 백로그 분량에 대해서만)에 우선순위를 정한다.

앞으로 살펴보겠지만, 이러한 작업량 및 가치에 대한 추정치는 사람들이 학습함에 따라 스프린트마다 새롭게 바뀔 수 있다. 결과적으로 제품 백로그가 계속해서 진화해 나가도록 하는 것이 바로 지속적인 우선순위 조정이다.

스크럼이 제품 백로그 상의 추정치를 어떤 식으로 하라고 규정하지는 않지만 '주당 투입인원'과 같은 절대적인 단위보다는 '점수'로 표현되는 상대적인 추정치를 사용하는 것이 일반적이다.

시간이 흐름에 따라 팀은 매 스프린트마다 상대적으로 얼마나 많은 점수를 구현하는지 추적한다. 예를 들어 스프린트당 평균 26점이라는 식이다. 이런 정보를 바탕으로 팀원들은 모든 기능을 완료하는 날이 언제가 될지, 혹은 특정 날짜까지 몇 개의 기능을 완료할 수 있을지 예측할 수 있다.

제품 백로그에 있는 항목들은 규모 면에서나 투입되는 노력 면에서나 다양하다. 제품 백로그 구체화 워크숍이나 스프린트 계획회의를 통해 큰 것들은 작은 항목으로 쪼개고, 작은 것들은 합쳐 하나로 만들 수 있다.

스크럼에 대한 오해 중 하나는 스크럼을 할 때 상세한 명세서를 작성하면 안 되는 것으로 알고 있는 것이다. 사실 이것은 제품 책임자와 팀이 얼마나 상세한 수준을 원하는지 (백로그 항목들 간에도 원하는 수준이 다를 수 있다), 팀의 통찰력이 어느 정도 수준인지 등에 달려있다. 필요한 최소한의 공간에 중요한 것을 기술하라.

다시 말해, 한 항목에 대해 가능한 모든 세부 내용들을 기술하려 하지 말고, 나중에 알아볼 수 있을 정도로만 분명하게 작성하라. 낮은 우선순위 항목은 구현하게 될 가능성이 낮고 아직 큰 덩어리 형태로만 기술되어 있는 만큼 세부적인 요구사항이 많지 않다. 하지만 곧 구현하게 되는 우선순위가 높고 잘게 나누어진 항목에 대해서는 세부사항이 더 많을 것이다.

스프린트 계획회의

스프린트를 시작할 때 **스프린트 계획회의**를 한다. 스프린트 계획회의는 두 가지 회의로 구성되는데, 먼저 하는 회의를 **스프린트 계획회의 1부**라고 부른다.

스프린트 계획회의 1부에서는 (스크럼 마스터의 주도로) 제품 책임자와 팀이 (제품 책임자가 이번 스프린트를 실행하는데 관심 있어 하는) 제품 백로그에 있는 우선순위가 높은 항목들을 검토한다. 제품 책임자와 팀은 우선순위가 높은 항목들의 목표와 배경에 대해 논의하면서, 제품 책임자 머릿속에 있는 생각을 팀에게 전달한다. 또한 제품 책임자와 팀은 모든 항목들이 반드시 달성해야 할 '완료의 정의'도 검토한다. 예를 들면, 어떤 항목이 완료되었다는 것은 표준에 맞도록 코드가 작성되었고, 코드 검토를 마쳤고, 단위 테스트 주도 개발을 사용하여 구현되었고, 자동화 테스트를 100% 통과하였고, 통합을 마쳤고, 문서화가 되었음을 의미한다. 회의 1부에서는 제품 책임자가 **무엇**을 원하는지 이해하는 데 초점이 맞춘다. 스크럼 규칙에 따르자면 2부가 진행되는 동안 연락이(전화상으로라도) 닿을 수만 있다면 1부를 마치고 제품 책임자가 자리를 떠나도 좋다. 하지만 2부에 참석하는 것도 나쁘지 않다.

스프린트 계획회의 2부는 팀이 하기로 결정한 항목들을 **어떻게** 구현할 것인지 상세한 작업 계획을 수립하는 데 초점이 맞춰져 있다. 팀은 제품 백로그에서 이번 스프린트가 끝날 때까지 완료하기로 약속할 항목들을 선택하는데, 제품 백로그의 맨 위에서부터 시작하여 순차적으로 진행한다.(다시 말해, 제품 책임자가 가장 높은 우선순위를 부여한 항목들부터 시작한다.) 이것이 스크럼의 핵심 실천법으로, 제품 책임자가 팀에 일을 할당하지 않고 팀이 얼마나 많은 일을 완료할 것인지를 스스로 결정한다. 이렇게 함으로써 다른 누군가가 '정해준' 것이 아니라 팀 스스로 분석하고 계획하여 내린 결정이기 때문에 더욱 믿을 만한 약속이 된다. 제품 책임자는 직접적으로 팀의 작업량을 강요할 수 없지만, 팀이 제품 백로그의 첫 번째 항목(즉, 제품 책임자가 가장 중요하다고 평가한 항목)부터 고를 것이라는 것은 안다. 팀은 목록의 아래쪽에서 항목들을 선택할 수도 있는데, 대개 팀과 제품 책임자가 해당 항목이 우선순위는 낮지만 우선순위가 높은 항목과 함께 구현하는 것이 쉽고 더 잘 맞는다고 본 경우이다.

스프린트 계획회의는 흔히 몇 시간 정도 지속될 것이다. 팀은 일을 완료하겠다는 진지한 약속을 해야 하고, 이러한 약속을 잘 하기 위해서는 심사숙고해야 한다. 팀이 스프린트 계획회의 2부를 시작하면 우선 각 팀원들이 '스프린트에 관련된 일'을 하는 데 얼마나 시간을 투입할 수 있는지 추정한다. 즉, 팀원들의 평균 작업일에서 회의 참석, 메일 작성/확인, 점심식사 등으로 소요되는 시간을 제외한다. 대부분 사람들은 스프린트에 관련된 일을 하는 데 많아야 하루에 4~6시간 정도를 쓰게 된다.

그림 3. 가용 시간 추정하기

스프린트 길이	2주
스프린트 내 작업일	8일

팀원	스프린트 내 가용 작업일	하루당 가용 시간	총 가용 시간
트레이시	8	4	32
샌제이	7	5	35
필립	8	4	32
징	6	5	30

* 휴가와 기타 부재중인 날짜를 제외

가용 시간이 정해지고 나면 다 같이 참여하여 제품 백로그의 첫 번째 항목(제품 책임자의 최우선순위 항목)부터 각 항목을 개인 작업 단위로 나눠 **스프린트 백로그**라 불리는 문서에 기록한다(그림 4 참조).

앞서 언급한 바와 같이 제품 책임자는 2부가 진행되는 동안 분명하지 않은 항목에 대해 (심지어 전화상으로라도) 명확한 답을 줄 수 있어야 한다. 가용 시간을 모두 채울 때까지 팀은 제품 백로그 항목들을 위에서부터 순차적으로 진행한다. 회의 2부가 끝날 때까지 팀은 모든 작업에 추정치(대체로 시간이나 날짜 단위로)가 부여된 목록을 완성하게 될 것이다.

스크럼은 여러 가지 기술을 익힌 팔방미인을 장려한다. 테스팅 업무만 하는 '테스터'처럼 '직함에 맞춰 일하는 것'을 지양한다. 다시 말해 팀원들이 '일이 있는 곳으로 가서' 가능한 만큼 문제를 해결하도록 도울 수 있어야 한다. 테스트할 것이 많으면 모든 팀원들이 테스트를 도와줄 수도 있어야 한다.

그렇다고 모두가 제너럴리스트가 되라는 의미는 아니다. 당연히 일부는 테스팅 분야에 특히 뛰어나다거나 일부는 다른 분야에 더 뛰어날 수 있다. 다만 팀원 전체가 함께 일하며 서로에게서 새로운 기술을 배운다는 의미가 중요하다. 결과적으로, 스프린트 계획회의에서 작업을 생성하고 추정하는 동안 '정말 잘 할 수 있는 작업'이라고 사람들이 모든 작업에 자원하는 것은 적절하지도 않고 또 그럴 필요도 없다. 대신에 하나 정도는 새로운 작업에 자원하도록 하고 그 작업은 의도적인 학습이 필요한 것으로 선택하는 것이 낫다.(해당 작업을 전문가와 짝이 되어 진행하는 식으로 학습할 수 있다.)

다른 사람들이 배워서 하기에는 시간이 너무 오래 걸리거나 학습 자체가 불가능해서 존이라는 친구가 꼭 그 작업을 해야만 하는 경우는 **거의 없다**. 혹시 존이 그림을 그리는 데 예술적 감각이 있는 유일한 사람이고, 다른 팀원들은 죽었다 깨어나도 '졸라맨' 조차 그릴 수 없다고 하자. 드물지만 어쩔 수 없이 존이 그릴 수밖에 없는 상황이 발생했다면 이 그림 작업이 짧은 스프린트 안에 완료할 수 있는지 확인해봐야 할 것이다. 이런 상황이 드물지 않다거나 팀이 학습을 하더라도 이 상황이 나아지지 않는다면 뭔가 문제가 있는 것이다.

그림 4. 스프린트 백로그

제품 백로그 항목	스프린트 작업	자원자	초기 작업량 추정	날짜별 남은 작업량 추정					
				1	2	3	4	5	6
구매자로서, 나는 주문을 장바구니에 담기 원한다.	데이터베이스 수정하기		5						
	웹페이지(UI) 만들기		8						
	웹페이지(Javascript logic) 만들기		13						
	자동화된 인수 테스트 작성하기		13						
	구매자 도움말 웹페이지 갱신하기		3						
	...								
트랜잭션 처리 성능 개선하기	DCP 코드를 머지하고 레이어 수준의 테스트 완료하기		5						
	pRank 머신오더 완료하기		8						
	pRank http API 를 사용하도록 DCP와 reader 수정하기		13						

많은 팀들은 시각적인 작업 추적 도구를 사용한다. 예를 들어 벽을 채울 정도 크기의 작업 현황판을 두고 거기에 작업 항목을 포스트잇 같은 것에 적어서 붙여놓고 스프린트가 진행되는 동안 '할 일' '진행 중' '완료' 칸으로 옮겨 붙이는 식이다. 그림 5를 참조하라.

그림 5. 시각적 관리 – 벽에 붙인 스프린트 백로그 작업들

스크럼의 한 축은, 일단 팀이 약속을 하고 나면 모든 추가나 변경사항은 다음 스프린트까지 미뤄져야 한다는 것이다. 이것은 만약 스프린트 도중에 제품 책임자가 팀이 작업하기 원하는 새로운 항목이 생기더라도, 다음 스프린트가 시작되기 전까지는 변경할 수 없다는 것을 의미한다. 만약 외부 상황이 변하여 우선순위를 대폭 변경해야 하거나 팀이 계속 일하는 것이 시간을 낭비하는 것이라면, 제품 책임자나 팀은 스프린트를 종료할 수 있다. 팀은 진행하던 스프린트를 멈추고, 새로운 스프린트를 시작하는 스프린트 계획회의를 실시한다. 스프린트를 중도에 멈추는 것은 보통 큰 혼란을 가져온다. 따라서 제품 관리자나 팀은 중도 하차라는 극단적인 결정을 가급적 피하게 된다.

스프린트 동안에 목표를 변경하지 못하도록 팀을 보호해주면 매우 강력하고 긍정적인 효과를 볼 수 있다. 첫 번째, 팀이 수행하기로 한 약속이 변경되지 않을 것이라고 확신을 가질 수 있기 때문에 팀은 완료하는 데에만 집중할 수 있게 된다. 두 번째, 제품 책임자가 제품 백로그에 있는 항목들에 대해 정말로 심사숙고하여 우선순위를 매기도록 훈련시키는 효과가 있다. 이러한 스크럼 규칙을 준수함으로써 제품 책임자는 두 가지를 얻게 된다.

첫 번째, 제품 책임자는 선택한 작업 목록을 완료하겠다는 팀의 약속이 현실적이고 분명하다는 확신을 할 수 있다. 시간이 흐름에 따라 팀은 약속할 항목을 선택하고, 약속한 기간에 그것들을 납품하는 기술이 크게 향상된다.

두 번째, 제품 책임자는 다음 스프린트가 시작되기 전에 제품 백로그를 원하는 대로 수정할 수 있는데, 항목의 추가, 수정, 삭제, 우선순위 변경이 모두 가능하다. 제품 책임자가 현재 스프린트 동안 이미 선택되어 개발 중인 항목들을 변경할 수는 없지만, 변경하고 싶은 것을 참아야 하는 기간은 길어야 한 스프린트 만큼이다. 방향 변경, 요구사항 변경이나 혹은 여러분의 마음을 완전히 돌아서게 하는 변경과 관련된 상처는 이제 사라졌으며, 이것은 누구보다도 제품 책임자가 스크럼에 열정적이게 하는 이유가 된다.

일일 스크럼

스프린트가 시작되면, 팀은 또 다른 스크럼의 핵심 실천법인 '일일 스크럼'을 하게 된다. 일일 스크럼은 (15분 이내의) 짧은 회의이며 매일 지정된 시간에 실시된다. 팀원 전체가 참석한다. 짧게 끝내기 위해 모든 사람들이 서서 진행할 것을 권한다. 팀은 이 시간에 서로 진행상황과 장애요인들에 대해 공유할 기회를 갖는다. 일일 스크럼 회의에서는 팀원들이 한 사람씩 돌아가며 다른 팀원들에게 다음의 세 가지(딱 세 가지만)를 보고한다.

(1) 지난 일일 스크럼 이후 무엇을 완료하였는가?
(2) 다음 회의 때까지 무엇을 마무리할 계획인가?
(3) 일하는 데 어떠한 방해나 장애요인들이 있는가?

일일 스크럼은 관리자에게 상황을 보고하는 회의가 아니라는 점에 주의하라. 이 회의는 자기 조직적인 팀이 상황 어떻게 진행되고 있는지 서로 알게 하고 서로에게 도움을 주는 시간이다. 일부 사람들이 방해요인들에 대해 이야기하면 스크럼 마스터는 팀원들이 문제를 해결하도록 도와줄 책임이 있다. 일일 스크럼 회의 동안에는 토론을 피하고 오직 세 가지 질문에 답하는 것에만 집중해야 한다. 만약 토론이 필요하다면 일일 스크럼이 끝나고 나서 추가로 회의를 열어 진행하도록 한다. 추가 회의에 전원이 꼭 참석할 필요는 없다. 추가 회의는 팀이 일일 스크럼 회의 때 들었던 정보에 적응하고자 열게 되는 경우가 많다. 말하자면 또 하나의 '관찰하고 적응하는' 주기라고 할 수 있다. 일반적으로 일일 스크럼 회의에 관리자나 기타 권위적인 위치에 있는 사람들이 참석하지 **않도록** 할 것을 권고한다. 관리자가 참석하게 되면 팀이 '감시를 받는다'고 느끼게 된다. 매일 일이 척척 진척되고 있다고 보고해야 하는 압력을 느끼고, 문제가 있어도 알리는 것을 꺼리게 된다. 결국 팀의 자기 관리 능력은 저하되고, 관리자가 세세한 것들까지 관리하려고 할 위험이 있다. 대신에 이해당사자가 회의 이후에 팀을 찾아가 팀의 진행을 더디게 하는 방해요인들을 해결하도록 하는 편이 훨씬 낫다.

스프린트 백로그와 스프린트 소멸 차트 갱신하기

매일 팀원들은 **스프린트 백로그**에 자신들의 현재 작업을 완성하기 위한 남은 시간의 추정치를 갱신한다(그림 6참조). 모두 갱신하고 나면 누군가 팀 전체의 남은 시간을 합하여 **스프린트 소멸 차트**를 갱신한다(그림 7참조).

이 그래프는 날마다 팀이 작업을 마무리하기까지 얼마만큼의 일이 남았는지에 대한 최신 추정치(인당 시간 단위)를 보여준다. 이상적으로 이 그래프는 스프린트 마지막 날에 '남은 노력 0(zero effort remaining)'으로 향하는 하향곡선을 그린다. 이 그래프를 **소멸 차트**라고 부른다. 가끔은 그래프가 보기 좋게 그려지기도 하지만 대개는 그렇지가 않다. 이것이 제품 개발의 현실이다. 중요한 것은 소멸 차트가 목표를 향한 팀의 진척도를 보여주는 방식이다. 소멸 차트는 현재까지 시간을 얼마나 썼는지(경과 측면으로는 의미 없는 사실)가 아니라 앞으로 얼마나 남았는지의 관점에서 진척도를 보여준다. 만약 그래프가 스프린트의 종료일 부근에 완료할 것 같지 않다면 팀은 일의 범위를 줄이거나 여전히 지속가능한 속도를 유지하면서도 일을 더욱 효율적으로 할 수 있는 방향을 모색한다든지 하는 조정이 필요하다.

스프린트 소멸 차트를 스프레드시트로 만들어서 보여줄 수도 있겠지만 많은 팀들은 자신들의 작업 공간 벽면에 종이로 붙여놓고 펜을 사용하여 갱신하는 것이 더 효과적이라고 한다. 이러한 '로우테크/하이터치' 솔루션은 컴퓨터를 사용한 차트보다 신속하고, 간단하며 보다 더 시각적이다.

그림 6. 매일 갱신하는 스프린트 백로그의 남은 일

제품 백로그 항목	스프린트 작업	자원자	초기 작업량 추정	날짜별 남은 작업량 추정					
				1	2	3	4	5	6
구매자로서, 나는 주문을 장바구니에 담기 원한다.	데이터베이스 수정하기	샌제이	5	4	3	0	0	0	
	웹페이지(UI) 만들기	징	3	3	3	2	0	0	
	웹페이지(Javascript logic) 만들기	트레이시	2	2	2	2	1	0	
	자동화된 인수 테스트 작성하기	사라	5	5	5	5	5	0	
	구매자 도움말 웹페이지 갱신하기	필립	3	3	3	3	3	0	
	...								
트랜잭션 처리 성능 개선하기	DCP 코드를 머지하고 레이어 수준의 테스트 완료하기		5	5	5	5	5	5	
	pRank 머신오더 완료하기		3	3	8	8	8	0	
	pRank http API 를 사용하도록 DCP와 reader 수정하기		5	5	5	5	5	5	
	...	...	...						
		합계 (인당 시간)	50	49	48	44	43	34	

그림 7. 스프린트 소멸 차트

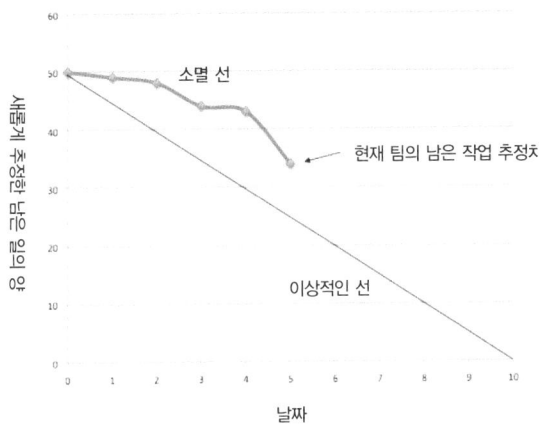

제품 백로그 구체화

스크럼에서 잘 알려져 있지는 않지만 중요한 지침이 하나 있다. 바로 매 스프린트의 5~10%를 반드시 제품 백로그를 구체화하는 작업에 할애해야 한다는 것이다. 제품 백로그를 구체화한다는 것은 상세 요구사항 분석, 큰 항목을 작은 항목으로 나누고 새로 추정하는 것, 혹은 기존 항목들에 대해 다시 추정하는 작업들이 포함된다. 스크럼에서 이 작업을 어떻게 하라고 언급하지는 않지만, 우리는 스프린트 종료 시점에 팀과 제품 책임자가 방해 받지 않고 이 작업에만 전념할 수 있는 집중 워크숍을 실시하라고 권하고 싶다.

2주 길이의 스프린트라면 스프린트가 끝날 때쯤 5%에 해당하는 반나절 동안 제품 백로그 구체화 워크숍을 실시한다. 이 구체화 활동은 현재 진행 중인 스프린트에서 작업하고 있는 항목들에 대한 것이 아니라 앞으로 구현하게 될 (대개 다음 한 두 스프린트에 예정돼 있는) 항목들을 대상으로 실시한다.

이렇게 워크숍을 실시하면 스프린트 계획회의가 상대적으로 간단해 진다. 제품 백로그의 항목들이 명확하고 추정도 잘 되어 있기 때문이다. 스프린트 계획회의 때 심각한 질문이나 발견, 혼동이 있다는 것은 이 구체화 워크숍이 실시되지 않았다는(혹은 제대로 실시되지 않았다는) 신호다.

스프린트 끝내기

스크럼의 핵심 원칙 중 하나는 '스프린트 기간이 절대로 늘어나지 않는다는 것'이다. 스프린트는 팀이 약속했던 작업을 완료했는지와 상관없이 지정된 날짜에 종료한다. 일반적으로 처음 몇 번의 스프린트에서 과다하게 약속하는 바람에 목적을 달성하지 못하기도 한다. 그런 다음에는 오히려 너무 목표 수준을 낮춰 잡아서 스프린트가 일찍 끝나기도 한다.

하지만 통상 서너 번째 스프린트가 되면 팀은 자신들이 역량 수준을 알게 되며 그 후로는 스프린트 목표를 더욱 잘 달성하게 된다. 팀은 하나의 스프린트 길이를 (가령 2주로) 선택하고 그것을 변경해서는 안 된다. 스프린트 길이를 일관되게 적용함으로써 팀은 해당 기간에 자신들이 얼마나 완수할 수 있는지를 학습하게 되며, 추정과 좀더 긴 기간의 릴리스 계획을 세우는 데에도 도움을 준다. 또한 팀의 업무에 리듬이 붙게 되는데 이것을 스크럼에서는 종종 팀의 '심장박동'이라고 부른다.

스프린트 검토

스프린트가 끝나고 나서 팀은 제품 책임자와 함께 직전 스프린트에 대해 검토하는 **스프린트 검토회의**를 실시한다. 이 회의를 종종 '데모'라고 잘못 명명하곤 하는데, 데모이라는 단어로는 이 회의의 진짜 의도를 제대로 표현하지 못한다. 스크럼의 핵심 아이디어는 **관찰하고 적응하기**이다. 일이 어떻게 돌아가는지 보고 배운 다음에 피드백을 기반으로 발전해 나가는 과정을 반복하는 것이다. 스프린트 검토회의는 제품에 대해 관찰하고 적응하는 활동이다. 이 시간을 통해 제품 책임자는 제품이나 팀이 지금 어떻게 진행되고 있는지 알게 되고(말 그대로 스프린트를 검토하고), 팀은 제품 책임자와 시장에 어떤 일이 진행되고 있는지 알게 된다. 결과적으로 스프린트 검토회의에서 가장 중요한 것은 팀과 제품 책임자가 현재 상황을 파악하고, 조언을 구하는 등 서로 깊은 **대화**를 나누는 것이다. 검토회의에는 스프린트에서 개발한 것을 데모하는 것도 포함되긴 하지만 대화를 나누는 것보다 데모에 초점이 맞춰진다면 균형이 깨진 것으로 봐야 한다.

유용하면서도 간과하기 쉬운 지침이 있다. 스크럼 마스터가 스프린트 계획회의 때 정했던 '완료의 정의'를 알고 있다가 스프린트 검토회의 중에 팀이 완료 정의를 만족시키지 못한 항목이 있으면 그것을 제품 책임자에게 알려야 할 책임이 있다는 것이다. 이렇게 함으로써 결과물의 품질에 대한 가시성이 높아진다. 말하자면 데모 중에 단지 제품이 잘 동작한다는 것을 보여주더라도 엉망으로 작성된 코드와 테스트되지 않은 코드로 작성된 사실을 속일 수 없다는 것이다.

스프린트 검토회의에는 제품 책임자, 팀원, 스크럼 마스터가 참석하며, 추가로 고객, 이해당사자, 전문가, 임원, 그밖에 관심이 있는 사람이라면 참석할 수 있다. 스프린트 검토회의 중에 행해지는 데모 부분이 '프레젠테이션'처럼 되어서는 안 된다. 슬라이드 같은 것을 띄우지 않는다. 스크럼에서의 지침에 따르자면 데모를 준비하는 데 30분을 초과해서는 안 된다. 만약 이를 초과한다면 팀이 뭔가 잘못하고 있는 것이다. 말 그대로 팀은 자신들이 개발한 것을 데모하고 참석자들은 자유롭게 질문하거나 의견을 말하면 된다.

스프린트 회고

스프린트 검토회의가 제품을 놓고서 '관찰하고 적응하는' 시간이었다면 그 다음에 이어지는 스프린트 회고는 프로세스 관점에서 '관찰하고 적응하는' 시간이다. 회고를 생략하는 팀들이 있는데 참으로 안타까운 일이다. 회고는 개선할 영역을 드러내도록 하여 실제로 개선이 이뤄지도록 하는 스크럼의 주된 메커니즘이기 때문이다. 회고는 팀이 어떤 것이 잘 되고 어떤 것이 제대로 되지 않는지 토의하고 앞으로 어떤 변화를 시도할지 합의하는 기회가 된다. 팀과 스크럼 마스터가 참석하며, 제품 책임자도 참석하면 좋겠지만 꼭 참석해야 하는 것은 아니다. 스크럼 마스터가 회고의 진행자 역할을 맡을 수도 있지만, 중립적인 입장의 제삼자가 진행을 맡는 편이 더 낫다. 가령 스크럼 마스터들끼리 상대방의 회고를 진행하는 것도 좋은 방법이다. 이렇게 하면 팀 간 시너지 효과를 창출할 수 있다.

스프린트 회고를 구성하는 간단한 방법을 소개한다. 화이트보드를 크게 두 칸으로 나누고 각각에 '잘 되고 있는 것'과 '더 잘할 수 있었던 것'이라는 이름을 붙인다. 그리고 각자 돌아가며 두 군데 모두 넣고 싶은 항목들을 추가하도록 한다. 반복되는 항목이 있으면 항목 옆에 체크 표시를 해서 눈에 띄게 만든다. 그런 다음 근본 원인을 찾고 다음 스프린트에서 시도할 몇 가지 변화들에 대해 합의한다. 시도해 보기로 합의한 내용들은 다음 스프린트 회고 때 결과를 검토한다.

회고가 끝날 때 해볼 만한 실천법을 하나 소개한다. 화이트보드에 붙여놓은 항목들에 C, E, U 중 하나를 표시하는 것이다. 여기서 C는 스크럼 때문에 생긴 것(caused by Scrum), 즉 스크럼을 적용하지 않았다면 발생하지 않았을 것을 의미하고, E는 스크럼에 의해 드러난 것(exposed by Scrum), 즉 스크럼을 적용했든 적용하지 않았던 간에 발생할 것이었는데, 스크럼을 통해 팀이 알게 된 것을 의미하고, U는 스크럼과는 관련이 없는 것(unrelated to Scrum), 가령 날씨 같은 것을 의미한다. 만약 '잘 되고 있는 것' 칸에 C가 많고 '더 잘할 수 있었던 것' 칸에 E가 많다면, 설령 '더 잘할 수 있었던 것' 칸에 항목들이 많다고 하더라도 팀에게는 좋은 소식이다. 숨어 있는 문제를 해결하기 위한 첫걸음은 우선 문제가 드러나도록 하는 것이기 때문이다. 스크럼은 그것을 가능케 하는 강력한 촉매제다.

릴리스 백로그 및 소멸차트 갱신하기

스프린트 회고까지 마쳤다. 스프린트를 시작할 때와 비교하면 완료된 항목도 있고, 새로 추가된 항목도 있고, 추정치를 고친 항목도 있고, 릴리스 목표에서 제외된 항목도 있을 것이다. 제품 책임자는 이러한 변경 사항들을 릴리스 백로그에(그리고 제품 백로그에까지) 반영해야 한다.

스크럼에는 릴리스 날짜까지 진척 상황을 보여주는 릴리스 소멸 차트도 있다. 스프린트 소멸 차트와 유사하지만 세분화된 작은 작업 단위가 아닌 상위 수준의 항목(요구사항)을 다룬다는 점이 다르다. 처음 제품 책임자를 맡은 사람은 소멸 차트를 왜 만드는지, 어떻게 만드는지 모를 수 있으니 스크럼 마스

그림 8. 릴리스 백로그 (제품 백로그의 일부)

항목	상세내용 (위키 URL 주소)	우선 순위	추정 가치	초기 추정 노력	스프린트 별 잔여 작업량					
					1	2	3	4	5	6
구매자로서, 나는 주문을 장바구니에 담기 원한다. (UI 스케치는 위키 페이지 참조)	...	1	7	5	0	0	0			
구매자로서, 나는 주문을 장바구니에서 제거하기 원한다.	...	2	6	2	0	0	0			
트랜잭션 처리 성능 개선하기 (위키에 목표 성능치 참조)	...	3	6	13	13	0	0			
신용카드 검증 기능의 속도 향상 해결책 발굴하기 (위키에 목표 성능치 참조)	...	4	6	20	20	20	0			
모든 서버를 아파치 2.2.3으로 업그레이드하기	...	5	5	13	13	13	13			
주문 처리 스크립트 오류 조사 및 해결하기 (버그질라 ID 14823)	...	6	2	3	3	3	3			
쇼핑 손님으로서, 나는 찜한 상품 목록(wishlist)을 만들고 저장하기 원한다.	...	7	7	40	40	40	40			
쇼핑 손님으로서, 나는 찜한 상품 목록에 항목을 추가하거나 삭제하기 원한다.	...	8	4	20	20	20	20			
...					...	...				
				Total	537	580	570	500		

그림 9. 릴리스 소멸 차트

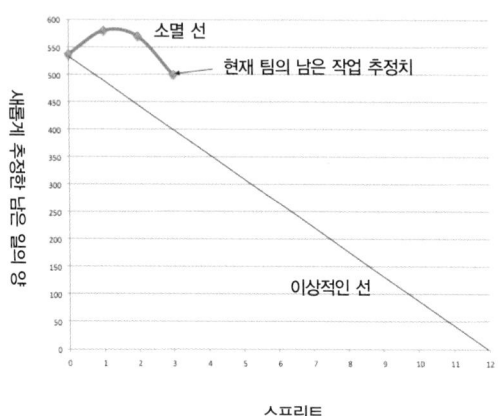

터가 제품 책임자를 도와주어야 한다. 릴리스 백로그와 릴리스 소멸 차트는 그림 8과 그림 9의 예를 참고하라.

다음 스프린트 시작하기

스프린트 검토회의가 끝나고 나서 제품 책임자는 새로운 통찰이 생기면 제품 백로그를 갱신해도 된다. 이제 제품 책임자와 팀은 또 다른 스프린트를 시작할 준비가 됐다. 스프린트와 스프린트 사이에는 공백 기간이 없다. 오후에 스프린트 회고를 하고 다음날 아침(주말을 끼는 경우도 있다)에 스프린트 계획회의를 하는 것이 일반적이다. 애자일 개발 원칙 중에 하나는 '지속 가능한 속도'를 유지하는 것이다. 적정 수준의 근무시간을 일정하게 유지해야지만 이 같은 반복주기를 꾸준히 이어갈 수 있다.

릴리스 스프린트

스크럼이 지향하는 완전한 모습은 스프린트가 끝날 때마다 잠재적으로 출시

가능한 제품이 나오는 것이다. 출시 가능하다는 것은 테스팅이나 문서화와 같은 추가적인 마무리 작업이 남아있지 않다는 것을 의미한다. 스프린트마다 모든 일이 완벽하게 **끝났다**는 것, 그래서 스프린트 검토회의가 끝나자마자 실제로 제품을 출시하거나 배포할 수 있다는 것을 의미한다.

하지만 많은 조직들은 개발 실천법이 취약하여 이러한 완전한 모습을 달성하지 못하거나 '기기가 고장 나서…'와 같은 상황적인 핑계거리를 찾는다. 출시 가능한 제품이 나오지 않은 경우를 보면 최종 제품 환경에서의 통합 테스트 같은 작업이 아직 남아있어서이다. 그래서 남은 작업들을 처리하기 위한 '릴리스 스프린트'가 필요하다.

릴리스 스프린트가 필요하다는 것은 뭔가 취약한 점이 있다는 신호이다. 이상적으로는 릴리스 스프린트가 필요하지 않다. 굳이 필요하다면 제품 책임자가 판단하여 제품이 거의 릴리스할 준비가 될 때까지 스프린트를 계속하고, 그런 다음 출시 준비를 위한 릴리스 스프린트를 실시한다.

팀이 스프린트마다 꾸준히 리팩터링하고, 지속적 통합을 실시하고, 효과적인 테스팅을 하는 등의 개발 실천법을 훌륭히 따른다면 출시 전 안정화 단계나 기타 마무리 작업이 거의 필요 없을 것이다.

릴리스 계획하기 및 초기 제품 백로그 구체화하기

반복 개발 모델에서 어떻게 장기간의 릴리스 계획을 세울 수 있느냐는 질문을 가끔 받는다. 두 가지 경우가 있다. (1) 신제품의 첫 번째 릴리스인 경우와 (2) 기존 제품의 이후 진행할 릴리스인 경우다.

신제품을 개발하거나 개발하는 중간에 처음 스크럼을 도입하는 경우에는 첫 번째 스프린트를 시작하기에 앞서 초기 제품 백로그 구체화 작업을 해야 한다. 이 작업을 통해 제품 책임자와 팀이 적정 수준의 제품 백로그를 만들어 낸다. 처음 하는 제품 백로그 구체화 작업은 며칠 혹은 몇 주가 걸리기도 한다. 이 작업에는 비전 워크숍을 실시하고 일부 요구사항에 대해서는 상세히 분석하며 첫 번째 릴리스에 포함하기 위한 항목들에 대해서 추정하는 작업이 포함된다.

스크럼에서는 잘 만들어진 제품 백로그와 제품이 있는 경우라면 다음 릴리스를 위해 릴리스 계획을 대단하게 혹은 길게 할 필요가 없다. 제품 책임자와 팀이 제품 백로그 구체화 작업을 모든 스프린트마다(각 스프린트의 5~10%정도를 투입하여) 실시하여 지속적으로 미래를 준비하기 때문이다. 이러한 **지속적인 제품 개발방식**에서는 엄청나게 강조되는 '준비-실행-마무리' 라는 절차가 아예 필요 없어진다. 초기 제품 백로그 구체화 워크숍을 하고 스프린트마다 지속적으로 백로그를 구체화함으로써 팀과 제품 책임자는 학습하는 내용을 근거로 추정치, 우선순위, 내용을 다듬고 릴리스 계획을 세운다.

특정 날짜로 릴리스가 지정되는 경우가 있다. 예를 들어 "이번 버전 2.0은 전시회가 열리는 11월 10일에 릴리스 합니다."와 같은 상황이다. 이런 상황에서는 시간이 허락되는 한 가능하면 많은 스프린트를 진행하면 된다. 그러면 가능한 많은 기능이 구현될 것이다. 어떤 제품들은 특정 기능이 구현되어야만 완료되는 경우도 있다. 이런 때에는 해당 기능을 구현하는 데 시간이 얼마 걸리든지 간에 그 기능을 구현하지 못하면 제품을 출시할 수 없을 것이다. 스크럼에서는 스프린트가 끝날 때마다 잠재적으로 출시 가능한 제품을 만들어낼 것을 강조하기 때문에, 이 경우 제품 책임자는 고객이 일찍 완료된 결과물의 혜택을 볼 수 있도록 중간 릴리스를 결정할 수도 있다.

사전에 모든 것을 알 수 없으므로, 계획을 세운 다음 조정해 나가면서 릴리스의 전반적인 방향을 제시하고 트레이드오프 의사결정이 어떤 식으로 내려질지(예를 들어 범위와 일정 문제) 명확히 하는 것이 중요하다. 계획은 여러분을 최종 목적지로 인도해 줄 로드맵이라고 생각하자. 여행 중에 정확히 어떤 길로 갈지와 같은 결정들을 정말로 길을 가면서 결정하는 것이다.

대부분의 제품 책임자들은 릴리스 방식 중에서 하나를 선택한다. 이를 테면, 우선 릴리스 날짜를 정하고 그 날짜에 맞춰 완료할 수 항목들로 릴리스 백로그를 구성하는 식이다. '정해진 가격으로 정해진 날짜에 정해진 산출물'을 만들어내야 하는 상황(예를 들어 계약에 따른 개발의 경우)에서는 적어도 하나 이상의 인자에 대해서 불확실성과 변경이 일어나도 약속을 지킬 수 있도록 버퍼를 추가해서 결정해야 한다. 이 점에 있어서는, 스크럼이 다른 방법들과 다르지 않다.

한 애플리케이션이나 제품에 집중하기

조직 내에서 사용할 애플리케이션을 개발하는 경우나 시장에 출시할 제품을 개발하는 경우에 상관없이 조직은 스크럼을 도입함으로써 기존의 '프로젝트 중심' 개발 모델에서 '지속적인 애플리케이션/제품 개발' 모델로 옮겨가게 된다. 더 이상 프로젝트 시작, 진행 중, 종료가 없게 된다. 그러므로 기존의 프로젝트 관리자도 존재하지 않는다. 대신에 제품 책임자와 자율 관리 팀이 있어서 제품이나 애플리케이션이 폐기될 때까지 '끝없이' 이어지는 2주 혹은 4주짜리 스프린트를 진행하면서 지속적으로 협업하게 된다. 필요한 모든 프로젝트 관리 업무는 팀과 비즈니스 책임자(내부 비즈니스 고객이거나 제품 관리부서 담당자)가 다루게 된다. IT 관리자나 프로젝트 관리부서의 누군가가 하는 것이 아니다.

스크럼은 일회성으로 끝나는 프로젝트 성격의 개발에도 적용할 수 있다(오랜 기간 사용할 애플리케이션을 새로 만들거나 발전시키는 작업이 아닌 경우를 말한다). 하지만 이 경우에도 여전히 팀과 제품 책임자가 프로젝트를 관리한다.

만약 기존 애플리케이션이 여러 개 있고 애플리케이션마다 전담 팀을 두기에는 새 업무량이 충분하지 않다면 어떻게 해야 할까? 이 경우에도 안정적으로 오래 지속되는 팀을 하나 정해 스프린트마다 애플리케이션을 바꿔가며 개발하도록 할 수 있다. 이번 스프린트에는 A 애플리케이션의 백로그를 개발하고 다음 스프린트에서는 B 애플리케이션의 백로그를 개발하는 식이다. 이런 상황이라면 스프린트는 흔히 1주일 정도로 짧다.

가끔은 앞에서 설명한 방식으로 진행하기에도 백로그가 충분하지 않아서 한 스프린트 동안에 여러 애플리케이션의 백로그를 처리해야 하는 경우도 있다. 하지만 한 스프린트에서 여러 애플리케이션을 다룰 때는 비생산적인 멀티태스킹을 야기할 수 있다는 점에 주의해야 한다. 생산성에 관한 스크럼의 기본 가정은 팀이 한 스프린트에서 하나의 제품이나 애플리케이션에만 **집중해야**한다는 것이다.

흔히 겪게 되는 문제들

스크럼은 단지 구체적인 실천법을 모아둔 것이라기보다는 팀에게 가시성을 제공하는 프레임워크이며 가시성을 바탕으로 팀이 '관찰하고 적응하게' 하는 메커니즘이다. 스크럼은 제품 책임자와 팀이 효과적으로 일하는 데 부정적인 영향을 미치는 역기능이나 장애요인들을 드러냄으로써 제품 책임자와 팀이 그 문제를 해결할 수 있도록 한다. 예를 들어 제품 책임자가 시장이나 제품의 기능을 잘 모르거나 기능들의 상대적인 비즈니스 가치를 추정하지 못할 수 있다. 혹은 팀이 작업량을 추정하거나 개발하는 것에 미숙할 수 있다.

스크럼 프레임워크는 이러한 약점들을 신속하게 노출시킬 것이다. 스크럼이 개발 중에 발생하는 문제를 직접 해결해 주지는 못한다. 하지만 고통스러울 정도로 문제들을 드러내어 사람들로 하여금 짧은 반복주기를 통해 문제 해결 방법을 모색하고 조금씩 개선하는 경험을 갖도록 하는 프레임워크이다.

팀이 작업 분석이나 추정 기술이 부족하여 첫 번째 스프린트에 자신들이 약속한 것을 전달하는 데 실패했다고 치자. 팀은 실패했다고 느낄 것이다. 하지만 실제로 이 경험은 앞으로 그들이 약속을 할 때 더 현실적으로 심사숙고 하도록 하는 데 필요한 첫 걸음이다. 스크럼이 역기능을 드러내고 팀이 그것에 대응하기 위해 무언가를 하도록 하는 이 같은 패턴이 바로 스크럼을 통해 팀이 두드러지게 효과를 볼 수 있는 가장 기본적인 방식이다.

팀이 흔히 저지르는 실수가 있다. 스크럼 실천법을 따르자니 무리가 생기는 경우에 자신들을 바꾸는 대신 도리어 스크럼을 바꾸려는 것이다. 예를 들어 스프린트 목표를 달성하기 어려워진 팀이 필요하다면 스프린트 기간을 늘릴 수 있다고 판단하는 경우다. 이렇게 하면 앞으로도 시간이 절대 부족하지 않게 된다. 결국 자신들의 시간을 더 잘 추정하고 관리하도록 배울 수 있는 기회는 없어지는 셈이다. 조직에 경험 있는 스크럼 마스터의 코치나 지원 없이 이런 식으로 가다보면 그 조직은 자신들의 약점이나 역기능을 그대로 스크럼이란 이름 아래 옮겨놓을 뿐, 스크럼이 제공하는 진정한 혜택을 손상시키게 된다. 진정한 혜택이란, 좋은 것과 나쁜 것을 드러내고 조직이 스스로 수준을 향상시킬 수 있는 기회를 제공한다는 것이다.

흔히 저지르는 또 다른 실수는, 단지 스크럼에서 명시적으로 요구하지 않았다는 이유로 어떤 실천법을 축소하거나 금지해야 한다고 오해하는 것이다. 예를 들어, 스크럼은 제품 책임자가 제품에 대한 장기 전략을 세워야 한다고 명시적으로 언급하지 않으며, 엔지니어들이 고참 엔지니어에게 복잡한 기술적인 문제들에 대한 조언을 구해야 한다고 언급하지도 않는다. 스크럼은 이러한 이슈들에 대해 관련이 있는 개인들이 올바른 결정을 하도록 맡겨둔다. 대부분의 경우(다른 많은 것들도 그렇지만) 위 두 가지는 사려 깊은 실천법이라고 할 수 있다.

또 조심해야 할 것은 관리자가 자기 팀에 스크럼을 강요하는 경우다. 스크럼은 팀에게 스스로를 관리할 수 있는 공간과 도구를 제공하는 것인데, 윗사람으로부터 명령을 받는다고 반드시 성공하는 게 아니다. 더 나은 접근 방법은 팀이 동료나 관리자에게서 스크럼을 배우고, 전문적인 교육 과정을 통해 전반적으로 이해한 다음, 팀 스스로 정해진 기간 동안 스크럼의 실천법들을 충실히 따르기로 결정하는 것이다. 스크럼을 적용해보고 나서 팀은 자신들의 경험을 평가하고 지속할지 여부를 판단하게 될 것이다.

좋은 소식은 대개 첫 번째 스프린트가 팀에게 큰 도전이 되기는 하지만 첫 스프린트가 끝날 때쯤이면 벌써 스크럼의 혜택이 드러난다는 점이다. 그래서 스크럼을 새로 도입한 많은 팀들이 다음과 같이 이야기한다.

"스크럼은 힘들다. 하지만 분명한 것은 우리가 이전보다 훨씬 나아졌다는 점이다!"

스크럼의 결과

스크럼의 효과는 스크럼을 직접 적용하면서 경험한 팀들에 의해 다양한 측면에서 보고되고 있다. 우리는 야후에서 3년에 걸쳐 거의 200개에 달하는 팀, 총 2,000명 이상의 사람들을 스크럼으로 전환하도록 도왔다. 여기에는 야후 포토(Yahoo! Photo)와 같이 고객과 직접 상대하는 디자인 중심의 웹사이트 팀에서부터 야후 메일(Yahoo! Mail)과 같이 수억 명을 고객으로 하는 핵심 서비스의 인프라 팀에 이르기까지 다양한 팀이 있었다.

매년 여러 번에 걸쳐 스크럼을 사용하는 모든 야후 임직원(제품 책임자, 팀원, 스크럼 마스터, 기능 관리자 등)을 대상으로 조사를 실시하면서, 그들에게 기존에 사용하던 접근 방법과 스크럼의 비교를 부탁했다. 조사 결과 중 일부를 공개한다.

- **생산성**: 스크럼이 좋았거나 매우 좋았다(5점 척도에서 4, 5점)는 68%, 별로이거나 매우 나빴다(5점 척도에서 1, 2점)는 5%, 보통이다(5점 척도에서 3점)는 27%가 응답하였다.

- **팀 사기** : 스크럼이 좋았거나 매우 좋았다는 52%, 별로이거나 매우 나빴다는 9%, 보통이다는 39%가 응답하였다.
- **적응성** : 스크럼이 좋았거나 매우 좋았다는 63%, 별로이거나 매우 나빴다는 4%, 보통이다는 33%가 응답하였다.
- **책임감** : 스크럼이 좋았거나 매우 좋았다는 62%, 별로이거나 매우 나빴다는 6%, 보통이다는 32%가 응답하였다.
- **협업** : 스크럼이 좋았거나 매우 좋았다는 81%, 별로이거나 매우 나빴다는 1%, 보통이다는 18%가 응답하였다.

제품 책임자의 추정치를 기준으로 팀 생산성은 평균 36% 향상되었다. 결정권이 자신들에게 주어진다면 팀원의 85%는 스크럼을 지속할 것이라고 응답하였다. (15%는 "아니오." 혹은 "잘 모르겠다."라고 응답하였다.)

부록 2 | **Scrum** and **XP** from the Trenches

노키아 테스트 체크리스트

1. 노키아 테스트(오리지널 버전) – 바스 보드(Bas Vodde)[1]

애자일이나 반복 개발을 한다고 볼 수 없는 경우

다음과 같은 경우, 여러분은 반복 개발을 하지 않는 것이다.

- 이터레이션 기간이 2~6주 이상이다.
- 팀이 프로그래밍을 하기 전에 완벽한 명세서를 만들려고 한다.
- 이터레이션 내에서 테스팅을 하지 않는다.
- 이터레이션이 끝났는데 작동하는 코드를 만들어내지 못한다.
- 프로젝트 초기에(태스크 수준의) 상세 계획과 정확한 추정을 요구한다.
- 이터레이션 계획에 실제 팀이 하는 일이 반영되지 않는다.

---

1 최초의 노키아 테스트는 바스 보드가 작성하였음. http://jeffsutherland.com/scrum/BasVodde2006_nokia_agile.pdf

다음과 같은 경우, 여러분은 애자일 개발을 하지 않는 것이다.
- 팀 내에 협업이 잘 이루어지지 않는다.
- 설계와 코딩이 구별되어 있다.
- 작동하는 코드가 아니라 소요 시간이나 산출물 개수로 진척도를 측정한다.
- 3주에 한 번 빌드 한다.

2. ScrumButt 체크리스트 - 제프 서더랜드(Jeff Sutherland)

노키아 테스트 기원

2005년에 바스 보드는 핀란드에 위치한 노키아 네크웍스에서 여러 팀에 교육과 코칭을 시작하였다. 첫 번째 노키아 테스트는 애자일 실천법에 초점을 맞췄다.

  2007년에 지멘스가 노키아 네트웍스를 인수하여 60,000명의 근로자가 근무하는 매출액 150억 유로 규모의 노키아 지멘스 네트웍스(Nokia Siemens Networks)가 탄생하였다. 바스 보드는 중국으로 옮겨 현지 노키아 지멘스 네트웍스의 직원들에게 스크럼을 교육하면서 노키아 테스트에 스크럼 실천법을 추가하였다.

  2007년에 제프 서더랜드는 스크럼 인증을 위하여 노키아 테스트를 개선하였고, 2008년에 평가 시스템을 개발하였다.
- agileconsortium.blogspot.com/2007/12/nokia-test.html
- jeffsutherland.com/scrum/Agile2008MoneyforNothing.pdf

  각 팀에서 한 명이 설문지를 들고 여덟 가지 질문에 1~10점 척도로 점수를 매길 준비를 한다.

팀원들의 점수를 평균 내어 팀 점수를 구하고, 교육 과정에 참가한 팀이나 회사에 소속된 팀 중 노키아 테스트 점수를 확인하려는 모든 팀들에 대한 평균 점수를 구한다.

노키아 테스트 1부[2]

1. 지금 여러분은 반복 개발을 하고 있는가?
2. 스프린트 길이는 반드시 4주 이하여야 한다.
3. 이터레이션이 끝날 때 소프트웨어 기능들은 반드시 테스트되고 작동되어야 한다.
4. 스프린트는 반드시 애자일 명세서로 시작해야 한다.
5. 전 세계 스크럼 팀의 50%만이 이 기준을 만족한다.

질문 1 – 이터레이션

- 이터레이션이 없음 - 0점
- 이터레이션이 6주를 초과함 - 1점
- 이터레이션 길이가 6주 미만으로 가변적임 - 2점
- 이터레이션 길이가 6주로 고정됨 - 3점
- 이터레이션 길이가 5주로 고정됨 - 4점
- 이터레이션 길이가 4주 이하로 고정됨 - 10점

질문 2 – 테스팅

- 지정된 QA 팀이 없음 - 0점
- 단위 테스트가 됨 - 1점

---

2 1부는 바스 보드가 최초 작성하였으나 나중에 제프 서더랜드가 다소 보완하였다.

- 기능 테스트가 됨 - 5점
- 기능이 완료되자마자 기능 테스트가 이루어짐 - 7점
- 소프트웨어가 인수 테스트를 통과함 - 8점
- 소프트웨어가 배포되었음 - 10점

질문 3 - 애자일 명세서

- 요구사항이 없음 - 0점
- 방대한 요구사항 문서 - 1점
- 부실한 사용자 스토리 - 4점
- 충실한 요구사항 - 5점
- 충실한 사용자 스토리 - 7점
- 애자일 명세서 - 8점
- 필요한 경우, 충실한 사용자 스토리가 애자일 명세서와 연관됨 - 10점

노키아 테스트 2부

1. 여러분이 제품 책임자가 누군지 안다.
2. 비즈니스 가치에 의해 제품 백로그의 우선순위가 매겨진다.
3. 제품 백로그는 팀에 의해 추정된다.
4. 팀이 소멸차트를 만들고 자신들의 속도를 안다.
5. 팀의 작업을 방해하는 프로젝트 관리자(혹은 어떤 사람이든지)가 없다.

질문 4 - 제품 책임자

- 제품 책임자가 없음 - 0점
- 제품 책임자가 스크럼을 모름 - 1점

- 제품 책임자가 팀을 방해함 - 2점
- 제품 책임자가 팀에 참여하지 않음 - 2점
- 제품 책임자가 제품 백로그를 관리함 - 5점
- 제품 책임자가 팀 속도를 고려하여 날짜가 적힌 릴리스 로드맵을 관리함 - 8점
- 제품 책임자가 팀에 동기를 부여함 - 10점

질문 5 - 제품 백로그

- 제품 백로그가 없음 - 0점
- 여러 개의 제품 백로그가 있음 - 1점
- 하나의 제품 백로그만 사용 - 3점
- ROI(투자수익률)에 의해 제품 백로그의 우선순위가 매겨짐 - 5점
- 제품 책임자가 제품 백로그를 고려하여 릴리스 계획을 세웠음 - 7점
- 제품 책임자가 순이익, 스토리 점수별 비용 및 기타 지표들에 기반을 두어 ROI를 측정할 수 있음 - 10점

질문 6 - 추정

- 제품 백로그에 대한 추정이 없음 - 0점
- 팀이 추정치를 산정하지 않음 - 1점
- 플래닝 포커 게임을 하지 않고 추정함 - 5점
- 팀이 플래닝 포커 게임으로 추정함 - 8점
- 추정 오류가 10% 미만임 - 10점

질문 7 - 소멸 차트

- 소멸 차트가 없음 - 0점

- 소멸 차트를 팀이 갱신하지 않음 - 1점
- 날짜나 시간 단위로 소멸 차트에 작업 진행 상황이 집계되지 않음 - 2점
- 작업이 완료되었을 때만 소멸 차트가 갱신됨 - 4점
- 스토리가 완료되었을 때만 소멸 차트가 갱신됨 - 5점
- 팀이 자신의 속도를 알고 있다면 3점을 더한다.
- 제품 책임자가 팀 속도를 고려하여 릴리스 계획을 세운다면 2점을 더한다.

질문 8 - 팀 분열
- 관리자나 프로젝트 리더가 팀을 분열시킴 - 0점
- 제품 책임자가 팀을 분열시킴 - 1점
- 관리자나 프로젝트 리더, 팀 리더가 작업을 할당함 - 3점
- 프로젝트 리더와 스크럼 역할들이 존재함 - 5점
- 아무도 팀을 분열시키지 않고 오직 스크럼에서의 역할만 존재 - 10점

부록 3 | 플래닝 포커 사용법

플래닝 포커는 애자일 팀이 추정하는 도구로 제임스 그레닝(James Grenning)이 최초로 소개/사용하였으며, 마이크 콘(Mike Cohn)의 책 『사용자 스토리』와 『불확실성과 화해하는 프로젝트 추정과 계획』에 의해 널리 알려지게 되었다.

사용설명서

1. 추정자(개발팀 멤버)들은 카드를 한 벌씩 나누어 갖는다. 가급적 10명을 넘기지 않도록 하며, 10명이 넘으면 여러 팀으로 나눠 진행하라.
2. 제품 책임자나 사용자는 추정해야 할 아이템을 제시하고 간단히 설명한다.
3. 팀은 제품 책임자나 사용자에게 정확히 어떤 기능인지, 어떻게 데모할 수 있는지 등을 문의하며 아이템에 대해 구체화 한다. (추정 전에 설계 논의가 필요할 수는 있지만 너무 오랜 시간을 끌지 말라. 대개 낭비인 경우가 많다!)
4. 각 추정자는 자신의 추정치가 적힌 카드 한 장을 내려 놓는다. 이 때 다른 참여자가 볼 수 없게 카드는 덮어 놓는다.
5. 모두 카드를 내려 놓으면 동시에 카드를 뒤집어 연다.
6. 모두 같은 카드가 나오면 그 값으로 추정은 확정된다.
7. 가장 높은 값과 낮은 값을 제시한 추정자들은 그렇게 생각한 이유에 대해 설명한다.
8. 견해 차이에 대해 논의하며 기능을 구체화한다.
9. 추정치가 수렴될 때까지 계속 반복한다.

주의사항

1. 개발 팀의 돼지들만 사용할 것. 닭들은 가라!(제품 책임자는 설명만하고 추정에 참여하지 않는다!)
2. 카드를 숫자가 보이게 내려놓지 말라!
3. 논의 시 특정 개발자가 너무 많은 말을 하지 않도록 하라!

4. 카드의 숫자는 팀별로 기준을 정하라. 정확도가 높을 필요는 없다.
5. 논의하는 데 너무 오래 시간을 쏟지 말라! (추천시간: 2분) 타이머를 사용하라!
6. 계속해서 수렴되지 않으면, 상위 수준의 가치에 초점을 맞춰라.

특수 카드

'0' 카드는 '이 스토리는 이미 완료됐다' 혹은 '이 스토리는 별것 아니라서 몇 분이면 끝날 일이다'라는 것을 의미한다.

'?' 카드는 '나는 정말로 잘 모르겠다. 아무 생각도 안 난다'라는 의미라서 사용을 자제해야 한다. 만약 이 카드가 자주 사용된다면, 스토리들에 대해 더 논의하여 팀에서 더 구체적인 지식을 공유하도록 한다.

'커피' 카드는 '생각하느라 지쳤어요. 잠깐 쉬었다가 해요'를 의미한다. 혹시 이 카드가 나오거든, 잠시 추정을 멈추고 함께 커피 한 잔 마시며 머리를 식히고 오라!

참고 사이트

- 마이크 콘의 마운틴 고트 사에서 제공하는 무료 온라인 플래닝 포커 사이트
  http://www.planningpoker.com/
- 헨릭이 소속된 크리스프 사에서 제공하는 플래닝 포커 설명
  http://www.crisp.se/planningpoker/

찾아보기

가
가브리엘 베네필드 165
가상 팀 128
가지치기 150
고정 가격 계약 95
관리 스타일 174
관찰하고 적응하기 186
교차 컴포넌트 팀 137
기술 스토리 47

나
내적 품질 18
노키아 테스트 199

다
데모 방법 43
동기화
   스프린트 93, 131

라
랩 데이 92
릴리스 계획 100
   고정 가격 계약 95
   시간 추정 97
릴리스 백로그 176
   갱신하기 189
릴리스 소멸차트 190
릴리스 스프린트 190

마
마이크 콘 95
메이븐(Maven) 109

바
바스 보드 165, 199
백로그
   릴리스 백로그 176
   스프린트 백로그 57
   스프린트 백로그 179
   제품 백로그 5
   제품 백로그 174
백로그 아이템 5
버그 추적 시스템 51
   Jira 8, 48
분산 팀 153
   오프쇼어링 154
   커뮤니케이션 활성화 도구 154
비상근 팀원 139
비즈니스 수준 8
비프로그래밍 작업 117

사
생산성 111, 119
설계 구역 67
소멸차트 62, 183
   갱신하기 183, 139
   경고신호 63
   릴리스 소멸차트 190
   스프린트 소멸차트 63, 185

소방수 팀 144
속도 28
    실제속도 31
    집중도 31, 88, 99
    추정속도 31
스크럼 170
    관리 스타일의 변화 174
    역할 171
    효과 196
스크럼 마스터 172
스크럼 요약 169
스크럼과 XP 3, 103
스크럼들의 스크럼 140
    제품 백로그 145
    제품 수준 141
    회고 152
    회사 수준 142
스토리 5
    기술 스토리 47
    세분화 작업 88
    작업과의 차이점 44
스프린트
    계획 수립 15
    계획회의 15
    길이 22
    동기화 131
    릴리스 스프린트 190
    목표 23
    스토리 고르기 24
    외부에 알리기 53
스프린트 계획회의
    1부 177
    2부 178
    비프로그래밍 작업 117
    준비 11
스프린트 데모 79
    체크리스트 80
스프린트 백로그 57, 179
스프린트 회고 83, 187
    구성 84
    점 투표 85
    한 명씩 돌아가며 말하기 84
    회고내용 전파하기 86

실제속도 31
심장박동 회의 142

아

애자일 3
애자일 개발과 스크럼 168
여러 스크럼 팀 127
    가상 팀 128
역할 171
    스크럼 마스터 172
    제품 책임자 171
    팀 172
    팀 리드 133
    프로젝트 관리자 173
연관된 3개의 변수 16
오프쇼어링 154
완료의 정의 38, 116
외적 품질 18
인덱스 카드 35
인수 테스트 113
일일 스크럼 73, 182
    세 가지 질문 182
    시간과 장소 결정하기 46
    여러 스크럼 팀 143
    오늘 할 일을 모르겠어요 75
    지각자 다루기 74

자

작업 공간 110
작업 현황판 59
    경고신호 63
작업과 스토리의 차이점 44
재택근무 156
전사현황판 55
전통적인 소프트웨어 개발 166
점 투표 85
점증적 설계 108
제품 백로그 5, 174
    구체화 185, 191
    버그 추적 시스템 51
    여러 스크럼 팀 145

허용 기준 96
제품 백로그 벽 146
제품 책임자 12, 16, 171
제품 책임자 설득전략 17
제프 서더랜드 200
지나친 사전 설계 108
지속 가능한 속도 111
지속적 통합 109
지식 확산 104
지식의 교량 역할 86
집단 몰입 139
집중도 31, 88, 99
    버그 124
    짝 프로그래밍 104

차

체크리스트 159
    노키아 테스트 199
    스프린트 데모 80
    ScrumButt 체크리스트 200
초과 근무 111
최적 팀 크기 130
추정속도 31
추정하기
    인덱스카드 35
    플래닝 포커 39

카

컴포넌트 팀 136
코드 가지치기 150
코드 공동 소유 109
코드 품질 122
    높이는 방법 115
    짝 프로그래밍 104
코딩 표준 110
퀵빌드(QuickBuild) 109
크레이그 라만 165

타

타임박스 20, 170
테스트 113
    병목제거 125
    스프린트 계획회의 117
    인수 테스트 113
    테스트 주도 개발 (TDD) 105
테스트 주도 개발 105, 117
    도구 106
    자동화 107
팀 172
    교차 컴포넌트 팀 137
    구성 전략 127
    비상근 팀원 139
    여러 스크럼 팀 127
    인원 할당하기 134
    재구성 138
    재택근무 156
    지리적으로 분산 153
    최적 크기 130
    컴포넌트 팀 136
    팀방 67
    한자리 70
    환경 89
팀 리드 133
팀 융합 139
팀방 67
    설계 구역 67
    작업 공간 110

파

품질
    내적 품질 18
    외적 품질 18
품질 향상
    생산성 119
    팀에 테스터 포함시키기 115
프로젝트 관리자 173
플래닝 포커 39
피트 디버 165

하

활기 넘치는 작업 111
회고 여러 스크럼 팀 152

DBA 140
Jira 8, 48
ScrumButt 체크리스트 200
TDD 테스트 주도 개발
XP
    점증적 설계 108
    지속 가능한 속도 111
    지속적 통합 109
    짝 프로그래밍 104
    코드 공동 소유 109
    코딩 표준 10
    테스트 주도 개발 (TDD) 105, 117